宁夏哲学社会科学项目"习近平总书记关于发展新质生产力重要论述的历史逻辑、理论逻辑和实践逻辑研究"（24NXBKS03）

宁夏大学马克思主义理论研究与学科建设工程丛书

大学生马克思主义
理论素养培育五讲

FIVE LECTURES ON CULTIVATING MARXIST
THEORY LITERACY OF COLLEGE STUDENTS

毛　升　马　越　钱黎勤

著

社会科学文献出版社

SOCIAL SCIENCES ACADEMIC PRESS (CHINA)

序　言

马克思主义深刻揭示了人类社会发展规律，是立党立国的根本指导思想，是全国各族人民团结奋斗的共同思想理论基础。习近平总书记指出："经济建设是党的中心工作，意识形态工作是党的一项极端重要的工作。"坚定不移把握意识形态工作主动权，坚持马克思主义在高校教学和研究中的指导地位，是坚持高校正确办学方向的必然要求，也是充分发挥高校作为实施新时代马克思主义理论研究和建设的重要阵地作用，奠定哲学社会科学健康发展基础，坚持和完善中国特色社会主义的必然选择。

2014 年 4 月，宁夏大学全面启动了"马克思主义理论研究与学科建设工程"（以下简称"工程"），以"工程"建设支撑思想政治理论课教育教学改革和马克思主义理论学科建设。"工程"建设以立德树人为根本任务，以培养社会主义事业合格建设者和可靠接班人为出发点，以全面提高思想政治理论课教育教学质量为落脚点，以全面提升马克思主义理论学科建设水平为突破口，进而带动哲学社会科学学科协调发展。力求通过"工程"建设，实现理论武装能力显著提升、课程建设水平持续提高、人才培养质量稳步提高、科学研究能力明显增强、人才队伍建设结构不断优化，使宁夏大学马克思主义理论学科成为宁夏哲学社会科学领域的特色优势学科，成为宁夏回族自治区马克思主义理论的人才培养基地、理论武装基地、理论研究中心的建设目标。

"工程"建设的主要任务是以中国特色社会主义理论体系为研究重点，以经济社会发展的重大现实问题为主攻方向，努力把马克思主义中国化的最新理论成果贯穿于中国特色哲学社会科学的学科体系、学术体系、话语体系建设中，落实在思想政治理论课教育教学过程中，全面提升马克思主义理论学科建设水平。

为保证"工程"建设顺利实施，在学校党委的直接领导下，不断加强顶层设计，明确"工程"建设的目标和任务，设立"工程"建设专项基金，通过深化思想政治理论课教学改革、把握马克思主义理论学科方向，加强学科队伍建设、加强理论研究、培养优秀理论人才、构建学科发展平台、服务地方经济社会发展、拓展学术交流等方面的扎实工作，举全校之力强力推动"工程"建设。"工程"的实施，极大调动了马克思主义理论相关学科教师的积极性和主动性，增强了教师的使命感和责任感，坚定了中国特色社会主义的道路自信、理论自信、制度自信、文化自信。教师们自觉运用马克思主义的基本原理和思想方法，关注、分析马克思主义经典著作历久弥新的思想价值，围绕马克思主义理论体系、教材体系、教学体系及其相互联系，马克思主义与当代中国发展中的重大理论和现实问题，中国特色社会主义理论与实践中的重大问题，思想政治理论课教育教学中的重点难点问题，干部群众理论武装、核心价值观认同与培育等问题展开研究，产出了一批优秀理论成果。为了充分展示研究成果，服务于经济社会发展和干部群众的思想理论建设，我们陆续编辑出版了宁夏大学"马克思主义理论研究与学科建设工程丛书"。丛书力求准确把握马克思主义理论的科学内涵和特点，抓住学科发展中带有基础性、导向性和战略性的重要问题，特别是聚焦经济社会发展的重大理论问题和实践问题，大学生和社会普遍关注的重大理论问题和思想问题，或解疑释惑，或深层思考，或资政育人，凸显了鲜明的问题意识和价值导向。从不同侧面反映了马克思主义中国化研究的理论成果，反映了高校理论工作者的责任担当和聪明才智。

　　高校肩负着人才培养、科学研究、服务社会、文化传承的重要使命，高校的理论工作者责无旁贷地肩负着用科学的理论武装人、教育人的历史责任，能否担当起这样的历史责任和重要使命，关键在于能否树立坚定的马克思主义信仰，能否自觉地运用马克思主义的科学理论和方法认识世界、分析问题，能否通过教育引导广大师生进一步坚定"四个自信"，能否对马克思主义中国化的创新发展做出积极贡献。为此，我们将不断推动"工程"建设，以时不我待的责任感，只争朝夕的精神状态，全面推进马克思主义理论学科建设，在培养中国特色社会主义事业合格建设者和可靠接班人的进程中再立新功。

李　斌

目　录

前　言

　　习近平总书记历史性地指明了社会主义现代化强国建设的高质量发展问题，并创造性地提出加快发展新质生产力。"发展新质生产力是推动高质量发展的内在要求和重要着力点。"[①] 伴随着经济全球化持续深入发展，世界变得更加开放，各国都处在全球经济一体化的进程中。思想多元化、文化多元化、价值多元化并存，已成为当今世界国际化发展的必然趋势。汹涌的全球化和国际化浪潮，一方面塑造了青年人开放、创新、多元、竞争的现代意识，另一方面伴随而来的西方意识形态或非马克思主义思潮又对许多国家原有的特别是大学思想教育体系构成了挑战。马克思主义认为，生产力是全部社会生活的物质前提。"人们所达到的生产力的总和决定着社会状况"[②]。为了从根本上破解当代大学生思想信仰存在的问题，我们尝试从新质生产力出发，探索创新了"新质思政课"的改革思路，形成了这本《大学生马克思主义理论素养培育五讲》，从老师要新、学生要新、教学方法要新、教学实践场域要新四个方面，来综合探索如何更好地进行大学生思想政治理论课的教学实践改革。

　　真懂，才能真信。习近平总书记 2019 年 3 月 18 日在学校思想政

---

① 《加快发展新质生产力 扎实推进高质量发展》，《人民日报》2024 年 2 月 2 日，第 1 版。
② 《马克思恩格斯文集》第 1 卷，人民出版社，2009，第 533 页。

治理论课教师座谈会上指出："思政课教师只有自己信仰坚定，对所讲内容高度认同，做学习和实践马克思主义的典范，才能讲得有底气，讲深讲透，才能有效引导学生真学、真懂、真信、真用。"① 有学者围绕大学生信仰问题和对策进行了研究。"关于大学生信仰的问题和对策的研究较为统一，从不同视域进行的研究发现大学生信仰存在的问题基本一致，如大学生信仰存在多元化、功利化问题，部分大学生信仰缺失、学校对信仰教育重视不够等，相关对策研究多基于社会、学校、大学生个人视角，如构建良好社会文化环境、加强思想政治教育等。总体上看，对大学生信仰存在问题的原因分析并不深入，多数研究成果对原因分析的篇幅较小，导致相应的对策研究价值不高，缺乏可行性，整体创新性不足。"② 这在一定程度上说明，如果思政课教师对于基本理论问题没有搞明白，没有让大学生掌握重要知识点，我们做再多的调查和分析实际上都是在做无用功，对策也会浮于表面，所谓的"问题"其实早有"答案"。马克思主义基本原理课教师的当务之急是，要直面高校思想政治教育的新情况、新问题，既要善于用马克思主义基本理论，又能够用马克思主义最新理论，即习近平新时代中国特色社会主义思想来解决和回答现实问题，不断提高马克思主义理论素养。

2004 年，中共中央、国务院发出的《关于进一步加强和改进大学生思想政治教育的意见》明确指出：高等学校思想政治理论课是大学生思想政治教育的主渠道。马克思主义基本原理课是对大学生进行马克思主义的世界观和方法论教育的基础性课程。向大学生讲好这门课程，有助于大学生把握马克思主义的核心内容，理解马克思主义的根本性质和整体特征，更好地认识到马克思主义是科学性和革命性的统一，从而不断提升大学生思想政治理论课的针对性、实效性和吸

① 习近平：《思政课是落实立德树人根本任务的关键课程》，《求是》2020 年第 17 期。
② 姬咏华、董上：《大学生信仰问题研究综述》，《长春师范大学学报》2020 年第 1 期。

引力、感染力。这本《大学生马克思主义理论素养培育五讲》就是根据马克思主义理论研究和建设工程重点教材《马克思主义基本原理（2023 年版）》来进行设计编写的教学辅助读物。在撰写过程中，我们坚持理论创新和实践创新相统一，紧贴大学生实际，真正关心大学生所面临的日常生活、学习、就业、深造的现实问题，帮助大学生树立正确的世界观、人生观、价值观，培养大学生面向现代化、面向世界、面向未来的基本素养。

在多年的教学和实践中，我们发现大学生问题意识和实践意识的培养是促使高校思想政治教育从死记硬背的"应试教育"到着眼于实践能力全面提升的"素质教育"的突破口。著者作为课题负责人在完成宁夏全区高校一流本科课程"马克思主义基本原理概论"（2021～2024年）、宁夏全区大中小学校思想政治工作质量提升工程项目"'马克思主义基本原理'课精品项目建设"（2023～2024 年）过程中，研究发现高校思想政治理论课实践教学效果并不理想的一个重要原因是，高校思想政治理论课的教育教学对大学生马克思主义理论素养培育的力度、深度、高度不够。针对这个问题，我们撰写了《大学生马克思主义理论素养培育五讲》一书，力图破解大学生在培育马克思主义理论素养的过程中理论和实践不能相结合的问题。在撰写过程中，我们坚持知识体系和教学体系的统一、课堂内容与实践生活的转化，努力吃透已有教材体系的主题、主线和重点，坚持教材的规范性、原则性和方向性指导，努力适应所教对象的知识基础、思想动向、心理特点，并结合大学生专业背景、学业规划特点。可以说，本书是我们对已有的教学观念、教案设计、教学模式、教学手段进行深入反思和大胆突破的结果。

在本书的撰写过程中，我们坚持以习近平总书记在学校思想政治理论课教师座谈会上所提出的关于推动思政课改革创新的"八个统一"方法论为指导。第一，要把马克思主义基础理论讲明白。在撰写过程中，我们特别重视结合教学实践和实践教学中的问题讲清基本理论。第二，把国内外热点的理论和实践问题讲明白。我们既注重对学生进行理论知识的灌输，又注重培养学生的独立思考能力。第三，把习近平新时代中国特色社会主义思想的发展逻辑讲清楚。这是当代马克思主义最鲜活的理论。通过最新成果的学习，可以帮助学生思考和认识现实问题和身边问题，能够更快地掌握马克思主义基本原理。第四，把中华优秀传统文化和马克思主义基本原理的内在契合性讲明白。这样才能真正让学生理解为什么我们会选择马克思主义，为什么我们会开辟社会主义道路，为什么我们会坚持改革开放的基本国策不动摇。第五，把马克思主义为什么行、中国特色社会主义为什么好、中国共产党为什么能的基本道理讲明白。这样才能让学生设身处地地把马克思主义、中国特色社会主义、中国共产党与自己的"小我"真正联系起来，主动思考问题，而不是人云亦云。通过本书的编写，我们力图在最大程度上形成教材和教学的合力，不断激活教师的主动性和积极性。第六，把当今社会和平与发展的时代主题讲清。时代主题，是马克思主义理论体系中的一个重要范畴。马克思主义的每一步发展，都体现着时代内容与时代要求，特别是包含着对时代主题的认识和解决。讲清当今社会的时代主题，是培养大学生马克思主义理论素养的关键，有助于大学生自觉肩负起对社会、国家、民族、人类的时代责任。

在实现中华民族伟大复兴的历史征程中，每一个民族、每一个人都不能少。让每个大学生都能发挥主人翁的精神，积极投身于中国式现代化建设实践之中，这就需要切实解决好他们的思想理论认识问题。就此而言，我们是在从事一项光荣而艰巨的理论实验。基于这样的考虑，本书共分五讲："把握马克思主义在当今世界发展中的指导意义""科学认识世界和改造世界""运用辩证法揭开世界的神秘面纱""正确把握真理与价值的辩证关系""坚持马克思主义理论才能取得新时代伟大成就"。

在本书的撰写过程中，我们坚持问题导向、目标导向、战略导向，尽可能为大学生创造全新的实践教学场域，以加深大学生对马克思主义基本理论的理解。以问题为导向，有助于学生掌握马克思主义矛盾分析方法，也有助于培养学生接纳问题、直面问题、解决问题的实践能力和积极乐观精神。以目标为导向，着眼于掌握重大理论和实践问题的来龙去脉，服务于高校思政课立德树人总目标的实现。以战略为导向，着眼于新时代中国共产党人如何坚持和完善中国特色社会主义制度、如何推进社会主义现代化建设、如何建设好马克思主义执政党的重大战略问题，来讲好马克思主义基本原理的立场、观点和方法。德国知名思想家、作家、科学家歌德在《浮士德》中借魔鬼梅菲斯特之口说过这样一句话："所有理论都是灰色的，生活的金树常青。"当今世界和中国的现实问题很多，中国也正是在不断破解各种各样问题的过程中取得了经济快速发展和社会长期稳定两大成绩。我们提出并积极解决问题，目的都在于激励当代大学生树立科学的世界观、人生观和价值观，熟练掌握马克思主义的立场、观点和方法，学会把马克思主义基本方法与自己专业知识结合起来，在推动社会进步过程中实现个人的全面发展。

把握马克思主义在当今世界发展中的指导意义

一切划时代的理论，都是满足时代需要的产物。用以观察时代、把握时代、引领时代的理论，必须反映时代的声音，绝不能脱离所在时代的实践，必须不断总结实践经验，将其凝结成时代的思想精华。我们推进理论创新是实践基础上的理论创新，而不是坐在象牙塔内的空想，必须坚持在实践中发现真理、发展真理，用实践来实现真理、检验真理。①

在当代大学生的马克思主义基本原理课的教学过程中，尤其应该让大学生正确地理解马克思主义在当前世界的发展状况及趋势。这正是马克思主义基本原理课教学中首要的重点难点问题，而这个重大问题最后可以归结为引导大学生正确认识马克思主义的时代性问题，即要深刻理解马克思主义是一个与时俱进的真理体系。我们要很好地解决这一重大问题，必须从时代地位、时代价值、时代形态、时代主题、时代命运等角度作出全面客观的探讨。

---

① 《习近平在中共中央政治局第六次集体学习时强调 不断深化对党的理论创新的规律性认识 在新时代新征程上取得更为丰硕的理论创新成果》，《人民日报》2023 年 7 月 2 日，第 1 版。

有研究指出："大学生是民族事业发展、国家进步的中坚力量，其思想政治教育工作与国家进步、社会发展有直接联系，对当代大学生开展高效的思政教育工作是现下高校的首要任务。在信息时代大背景下，各类新媒体相继出现，新媒体俨然成为社会舆论的放大器、信息传播的重要媒介、思想文化的集散地，对高校大学生思政教育工作产生着重要影响。"① 在这种情况下，学生迫切需要的不是知识，而是信念和目标。教师应对新环境的主动性不强，又加剧了学生学习兴趣的低落。1983 年国庆节，邓小平为景山学校题词"教育要面向现代化，面向世界，面向未来"。② 这一教育发展方针，可以视为切实推动 21 世纪中国马克思主义教育发展的总指针。面向现代化，就要正确处理传统与现代的关系；面向世界，就要正确处理中国与世界的关系；面向未来，就要正确处理历史、现实与未来的关系。

高校马克思主义基本原理课存在"抬头率"不高的问题，该问题可以归因于两点。第一，由于学校把马克思主义思想政治教育与原理教育归为传统教育，加之近年来马克思主义"无用论""过时论"的流行，大学生群体对马克思主义的时代价值缺少认识，在某种程度上对僵化的传统思政课模式抱有抵触心理。第二，大学生群体对马克思主义的认知本质上是"感性认识有余、理性认知不足"的，并没有觉得应该对马克思主义有更深入的认识，往往把马克思主义基本原理有关课程当作"水课""学分课"，也就不渴望能获得更理性的和整体性的认识。因此，"有理有据"地抓住大学生的眼球，并真正让马克思主义入脑入心，也是本书写作的首要任务之一。

---

① 陈华利、栗顺：《媒体融合视域下大学生思政教育的现状及应对措施》，《大学》2021 年第 44 期。

② 《邓小平文选》第 3 卷，人民出版社，1993，第 35 页。

第一节 马克思主义在当代资本主义世界的
总体发展状况

习近平总书记指出："当前，世界百年未有之大变局加速演进，新一轮科技革命和产业变革深入发展。"① 科技创新是人类共同应对风险挑战、促进和平和发展的重要力量。新一轮全球化、科技革命和产业变革的发展浪潮推动着"和平"和"发展"两大时代主题，现代化日益成为各国人民的迫切需要。权力腐败、改革停顿、经济停滞、市场失灵、社会撕裂、生态恶化、精神空虚等越来越成为各个国家、不同社会制度、各种文化形态所共同面临的棘手的现代化难题，但是，由于不同的国家和地区选择了不同的社会制度、不同的发展道路和不同的指导思想，全球发展的模式表现出多样性特征，应对现代化问题的能力也表现出巨大差异。当代世界一系列难题的症结在于同资本主义制度深度绑定的资本至上逻辑，解决问题的根本出路在于走好社会主义发展道路，或者最大程度地规制资本至上逻辑，强调人民发展逻辑。从根源上讲，我们应着力讲清马克思主义在当代资本主义世界的总体发展状况。从 19 世纪以来，民族主义、自由主义、社会主义就构成了世界三大社会思潮。时针指向 21 世纪，影响当今世界的重要思潮主要包括后现代主义、后殖民主义、自由主义、保守主义、文化帝国主义、马克思主义、全球化思潮等。实际上，马克思主义自产生以来能够具有越来越深入而广泛的影响力，重塑今天世界的政治、经济、社会、文化的版图，其原因就在于马克思主义是有关自然界、社会和人类思维普遍规律的科学体系，作为无产阶级的世界观和方法论，它既强调要正确地认识世界，又非常重视正确地改造世界。

---

① 《习近平著作选读》第 1 卷，人民出版社，2023，第 21 页。

一　只有马克思主义能解决资本主义问题

德里达在《马克思的幽灵》中写道："不能没有马克思，没有马克思，没有对马克思的记忆，没有马克思的遗产，也就没有将来。"① 特里·伊格尔顿在《马克思为什么是对的》一书中也坦言："作为有史以来对资本主义制度最彻底、最严厉、最全面的批判，马克思主义大大改变了我们的世界。由此可以断定，只要资本主义制度还存在一天，马克思主义就不会消亡。"②

"它未来的掘墓人已经站在门前了。"③ 马克思主义是以资本主义的批判者、终结者形式存在的，它明确指出了无产阶级是资本主义制度的埋葬者、掘墓人。这在本质上决定了在西方资本主义世界中马克思主义具有批判性、革命性和斗争性。马克思主义在创立、发展和创新的过程中，始终伴随着与它的主要对手——资产阶级意识形态的斗争。在不同的历史发展阶段，为了使资本主义制度更好地发展，资产阶级学者不断从马克思主义中汲取发展营养，不断修正资本主义制度，使其继续展示出发展活力。正如英国学者吉登斯所说，马克思的思想比他同时代及后来的西方思想家要"厉害"得多，即便在当今世界，他的思想仍具有弥足珍贵的价值。④ 因此，马克思主义在不断影响着世界政治、经济、文化和军事格局的形成、变化和发展。马克思主义诞生至今已经走过 170 多年的历史。在中国，马克思主义得以运用、丰富和发展，迄今也已走过了 100 多年的光辉历程。

相比较而言，从英国首先爆发工业革命算起，资本主义诞生至今已有 260 多年的历史。如果从 15 世纪 70 年代开始的英国圈地运动算

① 〔法〕雅克·德里达:《马克思的幽灵——债务国家、哀悼活动和新国际》，何一译，中国人民大学出版社，1999，第 21 页。

② 〔英〕特里·伊格尔顿:《马克思为什么是对的》，李杨等译，新星出版社，2011，第 6~7 页。

③ 《马克思恩格斯文集》第 2 卷，人民出版社，2009，第 546 页。

④ 冯颜利:《国外学界重新认识马克思》，《人民日报》2018 年 4 月 9 日，第 16 版。

起，资本主义的历史则更长。资本主义战胜封建主义也不是一帆风顺的，而是经历了波澜起伏、不断变化的社会运动。资本主义制度真正确立起来，经历了四次大转变。第一次大转变始于18世纪中叶的第一次工业革命，重农和重商的资本主义向工业自由资本主义转变。第二次大转变始于19世纪末，经过第二次工业革命，自由资本主义实现了向垄断资本主义的转变。第三次大转变始于20世纪30年代世界经济大危机，垄断资本主义向国家垄断资本主义转变。第四次大转变是现阶段发生的，始于20世纪80年代末，信息技术革命和全球化促进了生产力的大发展，推动了社会经济从工业经济转向知识经济，国家垄断资本主义向国际领域延伸，可以称之为国际垄断资本主义阶段。

在中国革命早期，中国共产党就非常重视把马克思主义与中国革命具体实际相结合。虽然新中国成立以后我们按照苏联模式进行了社会主义的建设，中国共产党人依然直面并十分注意解决中国社会主义建设过程中的矛盾和问题，这种实事求是的态度集中体现在毛泽东在1956年写出的《论十大关系》中。这是中国共产党人独立探索社会主义建设规律的开始。早在1938年，毛泽东在党的六届六中全会上就指出："马克思主义必须和我国的具体特点相结合并通过一定的民族形式才能实现。马克思列宁主义的伟大力量，就在于它是和各个国家具体的革命实践相联系的。对于中国共产党来说，就是要学会把马克思列宁主义的理论应用于中国的具体的环境。成为伟大中华民族的一部分而和这个民族血肉相连的共产党员，离开中国特点来谈马克思主义，只是抽象的空洞的马克思主义。"[1] 毛泽东对马克思主义坚持了解放思想、实事求是的正确态度。邓小平在和平发展时代力挽狂澜，提出社会主义和市场经济不存在根本矛盾，坚定不移地推行改革开放。同毛泽东一样，邓小平也始终坚持了马克思主义的正确立场、观点和方法。

如果说毛泽东开启了社会主义建设的伟大征程，邓小平则开启了

---

[1] 《毛泽东选集》第2卷，人民出版社，1991，第534页。

社会主义制度改革的伟大时代。"2004 年，在参加美国前总统里根的葬礼后，戈尔巴乔夫用一句话总结了苏联解体的主要原因：苏联没有一个邓小平。在几位国际政要的回答中，作为亲历者的戈尔巴乔夫最为特别，其言外之意就是说：中国改革的成功，很大程度上要归功于邓小平独特而符合中国实情的改革道路。"① 中国特色社会主义道路的开辟有力维护了整个世界科学社会主义事业的历史威望，使社会主义事业展现出前所未有的生机活力。这样说，正是因为当世界社会主义处在东欧剧变和苏联解体的重大挫折关头时，邓小平所开辟的有中国特色的社会主义道路已经稳步实践了 10 年，并很快迎来了党的十四大。

1992 年初，邓小平在南方谈话中高瞻远瞩地指出："恐怕再有三十年的时间，我们才会在各方面形成一整套更加成熟、更加定型的制度。"② 加强对社会主义事业的制度化、科学化建设，有助于从根本上尊重广大人民群众的实践首创精神，从马克思主义的基本立场、观点和方法出发不断完善和发展中国特色社会主义制度。时隔 21 年，党的十八届三中全会正式通过了《中共中央关于全面深化改革若干重大问题的决定》，明确完整地指出："到二〇二〇年，在重要领域和关键环节改革上取得决定性成果，完成本决定提出的改革任务，形成系统完备、科学规范、运行有效的制度体系，使各方面制度更加成熟更加定型。"③ 这里所说的"使各方面制度更加成熟更加定型"，也就是说要使中国特色社会主义制度更加成熟更加定型。在社会主义建设上，东欧剧变、苏联解体和中国特色社会主义道路的成功所形成的鲜明对比，证明了虽然资本主义还有活力、依然十分强大，社会主义事业在推进过程中可能出现挫折和反复，但社会主义在破解人类全球化时代难题

① 〔美〕熊玠主编《习近平时代》，转引自共产党员网，https://fuwu.12371.cn/2016/03/28/ARTI1459129962433603_2.shtml#d1，最后访问日期：2025 年 2 月 20 日。
② 《邓小平文选》第 3 卷，人民出版社，1993，第 372 页。
③ 《中共中央关于全面深化改革若干重大问题的决定》，人民出版社，2013，第 7 页。

和充分满足人民发展需要上是占据上风的。

二　"逆势而上"的"马克思现象"

1999 年，英国剑桥大学文理学院的教授们就"谁是人类纪元第二个千年第一思想家"进行了校内征询和推选。投票结果是马克思第一，爱因斯坦第二。随后，英国广播公司以同一问题在全球互联网上公开征询。一个月下来，汇集全球投票结果，仍然是马克思第一，爱因斯坦第二，牛顿和达尔文分别位列第三和第四。① 今天，马克思主义在西方资本主义世界依然占据着学术研究和社会文化的重要位置。从 20 世纪 90 年代以来，西方资本主义国家形成的马克思主义研究热潮不曾中断过。从 1993 年至今，西方国家几乎每两年就召开一次有关马克思主义的大型国际研究会议。1990 年，阿姆斯特丹国际社会史研究所、莫斯科马克思列宁主义研究院、柏林科学院和特里尔马克思故居等几家著名的马恩文献收藏机构成立了国际马克思恩格斯基金会，从事《马克思恩格斯全集》的历史考证版编辑工作，研究者主要来自德、法、美、俄、意等西方国家，且获得了欧盟的经费支持。② 不仅如此，马克思主义理论学说对许多在西方享有盛名的思想家如哈贝马斯、吉登斯、德里达、詹姆逊等都产生了深刻影响。

令很多人百思不得其解的是，为什么在世界社会主义运动遭受了巨大挫折、国际共产主义运动步入低谷的时候，西方的主流思想家不但没有中断反而愈加热衷于研究马克思主义呢？对于这种"逆势而上"的现象，我们可以从发生学或生成论的角度来进行分析。任何一种有重大影响的思想都不可能是无源之水、无本之木。马克思主义也同样如此。马克思主义产生于西方，与西方世界的其他思想存在着继

---

① 《马克思主义基本原理（2023 年版）》编写组编《马克思主义基本原理（2023 年版）》，高等教育出版社，2023，第 23 页。

② 闫方洁：《如何理解马克思主义在当代世界的发展状况及其趋势》，《思想理论教育导刊》2017 年第 2 期。

承发展的理论渊源关系。因此，马克思主义不是远离西方文明的孤岛，而是西方思想现代化过程中的重要一环。当代西方思想家也就无法割断与马克思的联系。甚至可以说，他们只有站在马克思的高度上或从马克思那里出发，才可能走向现代思维，完成对旧世界的批判。因此，西方思想家也自然在思维方式、话语系统、表达习惯等方面与马克思有着许多的共通性。我们还可以进一步从时代性或社会制度层面来进行分析。马克思所处的时代是自由资本主义阶段，而今天西方世界的主流思想家们也无法脱开资本主义这一社会前提。"资本主义"构成了马克思主义的基本问题域。伊格尔顿曾说过："只要资本主义制度还存在一天，马克思主义就不会消亡。"[①] 马克思终其一生都在从事关于"资本主义"的研究工作，他论证了资本主义生产方式的内在矛盾，批判了资本主义社会中人的生存困境，揭示了资本主义的深层危机与发展趋势。马克思关注的焦点不是资本主义的表层与现象，而是直指问题的根源与本质，他的研究结论不是细枝末节的，而是规律性的。因此，马克思主义对于西方主流思想家揭示今天已经高度发达的资本主义社会的内在矛盾依然具有参考价值。只要资本主义生产关系存在一天，今天资本主义社会中的思想家在追根溯源地剖析社会发展的重大问题并试图寻求解决路径时，马克思及其思想就仍然是不可回避的，马克思及其思想也因而具有永恒的魅力。

马克思主义之所以具有恒久魅力，根本上是因为其是以实践问题为导向的。换言之，马克思主义本身是基于资本主义的问题而产生的，也是最具有世界思维的科学理论，更是最能把握现代性本质的科学理论。因此，只要是关系到"资本主义""世界性""现代性"等概念的根本性问题，马克思主义都具有不可回避和不可逾越的理论意义。英国马克思主义研究者罗纳尔多·蒙克在《马克思在 21 世纪——晚期

---

① 〔英〕特里·伊格尔顿：《马克思为什么是对的》，李杨等译，新星出版社，2011，第7页。

马克思主义的视角》一书中曾谈到 21 世纪马克思主义面对的八个问题，即所谓马克思已经"过时"的问题、"绿色马克思主义"问题、"发展主义"与"依附理论"的问题、工人阶级在理论和实际上失去其社会运动中心地位的问题、社会主义和女权主义结合形成的"妇女问题"、马克思主义的"文化主义"转向的问题、民族主义问题和"后（现代）马克思主义"问题。① 这些问题其实并不新鲜，它们在 20 世纪就已经出现并被人们所谈论。总体上说，这些问题有的是现实问题，有的是思想判断问题，例如，所谓马克思已经"过时"就是思想判断问题。书中提到的八个问题中许多问题虽然从 20 世纪延续到了 21 世纪，但是与 20 世纪又有所不同。随着资本主义文明的全球扩张，生态问题、民族问题、工人问题（实际是资本主义世界贫富两极对立的问题）在 21 世纪会表现得更为突出。除马克思所预言的资本主义制度自身无法化解的经济危机之外，恐怖主义问题、网络犯罪问题和金融危机问题等，也困扰着 21 世纪的世界各国，这些问题给各国的国家安全、社会稳定、经济发展、人民生活等都带来了很大的威胁，产生了许多不确定性因素。总体上而言，这些问题联系在一起产生的综合效应对于当代国际社会和国际秩序的影响要比这些问题相互独立时各自产生的影响之和严重得多，这使得整个人类社会都迫切地感受到，只有各国各地区联合起来才能有效地解决这些现实问题。

苏联解体，两大阵营对抗随之终结，也标志着人类冷战时代的结束。虽然冷战时代已经离我们远去，但冷战思维今天依然没有绝迹，它以贸易保护主义、单边主义、"本国优先"、"零和思维"、"丛林法则"、"赢者通吃"、霸权主义等形式存在着。在这种情况下，马克思主义和社会主义都必然有新的表现。21 世纪是追求平等互利、合作共赢的世纪，没有一个国家可以独自应对从社会到自然、从经济到环境保

---

① 〔英〕罗纳尔多·蒙克：《马克思在 21 世纪——晚期马克思主义的视角》，张英魁等译，江苏人民出版社，2011，"前言"第 3~8 页。

护、从人权保护到反对恐怖主义的诸多问题。在矛盾和危机激化的条件下，这种改变现实的一般要求有可能转变为世界性的革命要求。总的说来，人类进入 21 世纪面临的问题比起 20 世纪，无论是在类别、规模上，还是在表现形式、表现强度和影响的深度与广度上，都发生了重大变化。各国只有通力合作，才能有效地解决人类共同面临的发展问题、环境问题、地区安全问题等。比起美苏对抗争霸的 20 世纪，21 世纪的许多问题虽然是对以往的延续，但其问题从内容到形式都发生了全新的变化。"全世界无产者联合起来！"解决 21 世纪的问题关系到整个人类的命运，这一点无须多言。这也正是当前中国在国际社会上一直倡导构建人类命运共同体的原因所在。

今天，人类社会已经真正全面进入了马克思世界历史理论意义上的世界历史时代，这一时代的核心使命就是构建人类命运共同体。习近平总书记强调："这个世界，各国相互联系、相互依存的程度空前加深，人类生活在同一个地球村里，生活在历史和现实交汇的同一个时空里，越来越成为你中有我、我中有你的命运共同体。"① 在构建人类命运共同体的历史进程中，如何辩证看待当前的经济全球化和"逆全球化"现象、如何深刻理解新科技革命和全球性危机、如何全面认识中国与世界的双向互动及其历史走向，都极大地影响到人类社会的发展走向。马克思主义直面时代、切中现实，挖掘和开拓出以世界历史理论为代表的诸多理论成果，探究了各国历史向世界历史转变的历史发展进程，揭示出人类社会发展的基本规律，为理解中国与世界互动的重大命题提供了思想启迪和理论指导。

在马克思主义政治经济学看来，只有在生产方式变革的历史发展过程之中，人类才能真正从动物世界进入人的世界，从"必然王国"进入"自由王国"，从现实的此岸进入理想的彼岸。在现实实践中，这一过程就是从封闭的、地域性的、民族的历史走向开放的、全球

---

① 《习近平谈治国理政》，外文出版社，2014，第 272 页。

性的、全人类的世界历史。正是基于人类命运共同体的思维，马克思主义的世界历史理论必然超越传统的或资产阶级中心主义的思想的羁绊，为当前人类命运共同体的构建提供理论参照和思想启发。当代西方世界的各种思想流派，无不建基于"私人利益至上"的理论预设，深深嵌入资本主义的牢笼，无法科学认识构建人类命运共同体这一时代命题，人类命运共同体理念对于他们而言好比是一道"价值天堑"。

当前，人类面对的各种全球性危机，无不预示着西方中心主义价值观正在走向穷途末路。构建人类命运共同体，就必须扫清西方中心主义的思想障碍，努力破除各种各样的"中心主义"，诸如"个体的""民族国家的""地区的"。只有当人们打破了这种习以为常的"中心主义"思维模式，并在此基础上强调全人类的整体性，强调全人类利益的一致性和优先性，才能加快构建人类命运共同体的现实征程。

三　"猫头鹰"与"高卢雄鸡"的区别

在西方哲学史上，黑格尔关于哲学是"密涅瓦的猫头鹰"的比喻非常著名。"密涅瓦"是古希腊罗马神话中的智慧女神雅典娜，栖落在她身边的猫头鹰则是思想和理性的象征，黑格尔说，哲学就像密涅瓦的猫头鹰一样，它不是在旭日东升的时候，才在蓝天里翱翔，而是在薄暮降临时才悄然起飞。在这里，黑格尔用密涅瓦的猫头鹰在黄昏时起飞来比喻哲学，旨在说明哲学是一种"反思"活动，是一种沉思的理性。"反思"是对"认识的认识"、对"思想的思想"，是思想以自身为对象反过来而思之。如果把"认识"和"思想"比喻为鸟儿在旭日东升或艳阳当空的蓝天下翱翔，"反思"当然只能是在薄暮降临时才悄然起飞。黑格尔把哲学比喻为在黄昏中起飞的猫头鹰，还有更深的一层含义，就是哲学的反思必须是自甘寂寞的。黑格尔在《哲学史演讲录》中说："时代的艰苦使人对于日常生活中平凡的琐屑兴趣予以太大的重视，现实上很高的利益和为了这些利益而作的斗争，曾经大大地占据了精神上一切的能力和力量以及外在的手段，因而使得人们没有自由的心情去理会那较高的内心生活和较纯洁的精神活动，以致许多较优秀的人才都为这种艰苦环境所束缚，并且部分地被牺牲在里面。因为世界精神太忙碌于现实，所以它不能转向内心，回复到自身。"① 黑格尔哲学的重点放在了对现实的哲学反思上，而没有放在改变现实上。

与黑格尔不同，马克思则把自己的哲学比喻为迎接人类黎明即人类解放的"高卢雄鸡"。在黑格尔那里，哲学主要是认识世界，是对世界本质的反思、把握、理解。相反，马克思的哲学则是一种认识世界和改造世界的知识体系、方法论体系。因此，黑格尔的哲学是一种书斋哲学或理论哲学，马克思的哲学则是一种现实哲学或实践哲学。不可否认的是，当代西方思想家处在全新的社会环境中，他们对马克思主义的研究也呈现了崭新的时代特征。虽然马克思的许多重要概念依然广受现代西方思想家的关注和思考，但他们的思考是"向后看"的，更多的是一种理论范围内的反思，从而不可能真正跳出理论本身。当代西方思想家很少能像中国共产党那样，坚持从马克思主义的立场、观点和方法出发，以"向前看"的方式去完成对客观世界的认识和改造；在西方思想家那里，哲学仍然只是书斋中对世界的自甘寂寞的反思，是夜晚起飞的猫头鹰。

总体而言，当代西方思想家的哲学存在着无法克服的局限性。第一，从研究者来看，他们既包括具有工人政党背景的左派知识分子，也包括自由的左翼思想家。研究者所在地域分布广泛，既包括具有深厚马克思主义研究传统的德国和法国，也包括过去相关研究比较缺乏的英、美等国。第二，从理论立场来看，研究者对第二国际和苏联的马克思主义基本持否定态度，强调回归马克思文本，但是，他们并没

① 〔德〕黑格尔：《哲学史讲演录》第1卷，贺麟等译，上海人民出版社，2013，第3页。

有全面继承马克思主义的基本理论，往往根据自己的理解从中吸收部分内容，同现代西方思想哲学中的某些流派相嫁接。由此一来，他们的研究经常会溢出马克思主义的理论框架，甚至在某些观点上与马克思主义相对立。第三，从理论形态来看，研究者将马克思主义与西方各种流行思潮相糅合，创造出弗洛伊德主义的马克思主义、存在主义的马克思主义、分析学派的马克思主义、新实证主义马克思主义、马克思主义女性主义、生态学马克思主义、后现代马克思主义等不同的流派。各流派间的理论关系复杂难辨，它们对马克思主义的解读也充满差异。第四，从理论主题来看，研究者大多放弃了继续发展资本主义的经济危机理论，放弃了继续制定无产阶级的夺权策略，转而从马克思的原始基点——"人的解放"出发，全面揭示发达资本主义社会中人的生存困境。在这个过程中，他们充分继承和发扬了马克思主义的批判精神，广泛关注社会现实，发展出多样化的批判主题，如大众文化批判、技术理性批判、生态危机批判、消费主义批判、日常生活批判、女性主义批判等。

虽然某些学说的科学性还有待商榷，但是部分西方学者以自己的执着，仍提出了很多发人深省的观点。他们的研究成果是对复杂多变的时代的客观反映，在实际生活中曾经或者还在产生着重要影响。例如 1968 年在法国"五月风暴"中，"新左派"就把西方马克思主义奉为指导思想，把马尔库塞、萨特等左翼学者奉为精神领袖。实际上，自"五月风暴"以后西方马克思主义很少再发挥这样的实践影响力了。西方学者对马克思的研究至多也只是从马克思的理论中汲取某些灵感和启发，很难把马克思的理论变成改造现实的力量。概言之，虽然他们的许多观点是富有启发性的，但作为对资本主义社会的病理诊断，西方学者的马克思主义研究与马克思主义的基本精神是相悖的。这主要是因为，他们无力把自己的思想理论变成一种社会实践运动，没有为自己的理论体系找到物质武器。

第二节　马克思主义在当代社会主义世界的
总体发展状况

马克思主义是社会主义国家的意识形态，基于社会制度的根本差异，社会主义世界的马克思主义与资本主义世界的马克思主义发展呈现出截然不同的特征与气质。中国既是最大的发展中国家，又是最大的社会主义国家。在通常情况下，马克思主义在当代社会主义国家中主要解决的是本国的发展问题、稳定问题、安全问题。对于中国而言，它也同时着力于解决人类社会的发展、稳定和安全问题。这样才能从根本上实现社会主义制度的健康发展。习近平总书记在庆祝中国共产党成立 100 周年大会上的讲话中指出，以史为鉴、开创未来，必须坚持中国共产党坚强领导，必须团结带领中国人民不断为美好生活而奋斗，必须继续推进马克思主义中国化，必须坚持和发展中国特色社会主义，必须加快国防和军队现代化，必须不断推动构建人类命运共同体，必须进行具有许多新的历史特点的伟大斗争，必须加强中华儿女大团结，必须不断推进党的建设新的伟大工程。①

一　社会主义国家的建立

从理论渊源来讲，马克思恩格斯创立的科学社会主义是对空想社会主义批判发展的结果。在资本原始积累时期，早期空想社会主义对资本主义生产方式所带来的种种负面效应进行了批判。第一次工业革命推动了全球经济的形成，使人们能够对社会历史的发展做出全面的理解，根本改变了认识世界的形而上学方法。马克思恩格斯立足于对资本主义生产方式的历史批判，创立了唯物史观，推动了社会主义从

---

① 习近平：《在庆祝中国共产党成立 100 周年大会上的讲话》，人民出版社，2021，第 10~19 页。

空想走向科学。第二次工业革命引起了工业结构的变化，推动了重工业部门的迅速兴起，自由资本主义开始向垄断资本主义过渡，自由资本主义开始向帝国主义发展，全球化时代日益到来。

随着资本主义全球市场的开辟，资本生产空间扩张到全球。资本积累更顺畅了，资本主义的生存获得了更多的养料，资本主义的新变化使与资本主义息息相关的要素和机制变得更灵活、更具有弹性。[①]毋庸置疑，资本主义生产方式导致了全球化趋势的出现，全球化既为资本主义发展注入了强大动力，又导致了资本主义制度基本矛盾在全球范围内的激化，而矛盾的激化又为社会主义革命的产生和胜利创造了条件。

资本主义必然灭亡，社会主义必然胜利，是历史发展的必然趋势。社会主义革命究竟在哪里爆发并取得胜利呢？虽然马克思和恩格斯提出"同时发生"的思想，但在"同时发生"的后面，补充了一个各国在共产主义革命发展的速度上快和慢之分的提法。1892年4月20日，恩格斯在《〈社会主义从空想到科学的发展〉1892年英文版导言》中，依据对当时形势的分析，认为德国"工人运动的胜利甚至指日可待了"。"400年前，德国曾是欧洲中等阶级第一次起义的出发点；依目前的形势来判断，德国难道不可能又成为欧洲无产阶级夺取第一次伟大胜利的舞台吗？"[②] 这些论断清楚地说明马克思和恩格斯"一国首先胜利论"的思想已经初步形成。1914年，由于全球化扩张，帝国主义列强之间的矛盾激化，第一次世界大战爆发。帝国主义国家之间的战争加剧了民族国家内部的矛盾。1914年8月，第一次世界大战爆发后，第二国际各党大多数背叛了无产阶级革命，站在社会沙文主义的立场上，支持本国资产阶级政府的战争和侵略政策。在历史转折关头，列宁提出"唯一正确的无产阶级口号是变当前的帝国主义战争为国内

① Harvey, D., *Spaces of Global Capitalism: Towards a Theory of Uneven Geographical Development*, London: Verso, 2006: 48.

② 《马克思恩格斯文集》第3卷，人民出版社，2009，第522页。

战争"。① 列宁号召各交战国的工人、农民、士兵，拿起资产阶级交给他们互相残杀的武器，掉转枪口去推翻本国资产阶级的统治，实现社会主义。1915 年 8 月，列宁在《论欧洲联邦口号》一文中，第一次明确指出："经济和政治发展的不平衡是资本主义的绝对规律。由此就应得出结论：社会主义可能首先在少数甚至在单独一个资本主义国家内获得胜利。"② 1917 年十月革命在俄国取得胜利，这标志着社会主义由科学理论走向实践成功，在实践中证明了列宁关于社会主义革命可能在帝国主义链条薄弱环节首先取得胜利的论断是正确的。

第一次世界大战并没有从根本上缓解帝国主义之间的矛盾，各资本主义大国之间的矛盾依然错综复杂，而且新兴的帝国主义国家不断挑战原有的帝国主义国家，各国继续执行原有的对外侵略扩张的方针政策。这使得各国内部的矛盾更趋尖锐，加之 20 世纪 30 年代出现了席卷整个资本主义世界的经济大萧条，又进一步激化了各帝国主义国家之间的矛盾，新崛起的帝国主义国家也开始不满足于已有的势力范围，第二次世界大战爆发了。整个世界分为两大阵营：以法西斯国家为首的轴心国和反法西斯国家所构成的同盟国。

第二次世界大战对世界政治、经济、文化、意识形态版图造成了很大的影响，二战后欧洲、亚洲、美洲、非洲等几大洲出现了一系列社会主义国家。这种遍地开花的态势标志着科学社会主义理论从一国实践发展为多国实践。

二 坚持和发展马克思主义

相比较而言，西方世界的马克思主义不是作为意识形态存在的，西方学者的研究往往更偏重理论，研究成果带有思辨性、抽象性、学院化的风格。由于没有大规模社会实践的支撑，西方马克思主义的研

---

① 《列宁全集》第 26 卷，人民出版社，1988，第 23 页。
② 《列宁全集》第 26 卷，人民出版社，1988，第 367 页。

究成果也更为具体和微观。

1938 年 10 月毛泽东在党的六届六中全会的报告中说："没有抽象的马克思主义，只有具体的马克思主义。所谓具体的马克思主义，就是通过民族形式的马克思主义，就是把马克思主义应用到中国具体环境的具体斗争中去，而不是抽象地应用它。""马克思主义的中国化，使之在其每一表现中带着中国的特性，即是说，按照中国的特点去应用它，成为全党亟待了解并亟须解决的问题。"[①] 这次会议的胜利召开，充分说明了"马克思主义的中国化"的提法在党内获得广泛共识。张闻天在这次会议上就抗日民族统一战线与党的组织问题的报告中指出："马克思主义的原则、方法是国际性的，但我们是在中国做组织工作，一定要严格估计到中国政治、经济、文化、思想、民族习惯、道德的特点，正确认识这些特点，再来决定我们的斗争形式、组织形式、工作方法。""所以不仅要懂得马克思主义的原则，而且要在民族环境中来实现这些原则。"[②] 进一步讲，马克思主义中国化也是广大社会主义国家进一步去探索如何应用、丰富和发展马克思主义的一条民族化、时代化、大众化的正确道路。马克思主义是普遍性和特殊性的统一，只有与民族国家的具体国情相结合，立足于本国，才能把马克思主义变成改造世界的强大武器。

社会主义国家不仅需要在学术上对马克思主义进行创新，还需要用马克思主义的立场、观点和方法来解决社会主义建设过程中复杂的现实问题。因此，马克思主义在社会主义国家的发展中具有较强的实践性、整体性和宏观性。即便在社会主义国家之间，马克思主义的具体形态也各不相同。因为马克思主义是根据资本主义世界无产阶级革命实践的经验总结而来，一旦走出书斋落脚到现实世界，成为一个民族无产阶级的行动纲领，就必然要"本土化"，才能解决当时当地的

① 《建党以来重要文献选编（1921~1949）》第 15 册，中央文献出版社，2011，第 651 页。
② 《张闻天文集》第 2 卷，中共党史出版社，1993，第 453~454 页。

实际问题。因此，各国共产党根据自己国家的特点继承和发展马克思主义，形成了具体的马克思主义。1890 年 8 月 21 日，恩格斯在致奥托·冯·伯尼克的信中强调，"我认为，所谓'社会主义社会'不是一种一成不变的东西，而应当和任何其他社会制度一样，把它看成是经常变化和改革的社会。它同现存制度的具有决定意义的差别当然在于，在实行全部生产资料公有制（先是国家的）基础上组织生产。即便明天就实行这种变革（指逐步地实行），我根本不认为有任何困难"①。社会主义不是一成不变的东西，这是因为马克思主义在具体实践过程中必须结合每个国家的具体国情。因此，社会主义国家还要充分考虑自身的特殊情况和时代的具体要求。这样，马克思主义才能在社会主义国家落地生根，并能够追赶上时代发展的大潮。

世界社会主义运动是扎根于社会生活的现实运动，它总是处在不断发展和变化的过程中的。自 20 世纪六七十年代以来，特别是自东欧剧变、苏联解体以来，世界社会主义运动已经发生重大而深刻的变化。对此，邓小平说："一些国家出现严重曲折，社会主义好像被削弱了，但人民经受锻炼，从中吸收教训，将促使社会主义向着更加健康的方向发展。因此，不要惊慌失措，不要认为马克思主义就消失了，没用了，失败了。哪有这回事！"② 毛泽东、邓小平等马克思主义理论家都告诉我们，对世界社会主义运动面临的变革与转型，我们一定要坚持解放思想、实事求是、与时俱进的思想方法，充分尊重本国国情和人民群众的意愿。

世界社会主义运动的变革与转型本质上是全球化时代条件下世界经济、政治和社会发展的产物。各国共产党为适应生存环境和时代主题的变化而努力改变自己，迎头追赶现代化的发展潮流。回顾资产阶级政党发展的历史，我们就可以清楚地看到，那些存在百年以上的老

① 《马克思恩格斯文集》第 10 卷，人民出版社，2009，第 588 页。
② 《邓小平文选》第 3 卷，人民出版社，1993，第 383 页。

牌政党，没有一个不是经历了多次的变革和转型才发展壮大起来的。所以今天各国共产党更应该树立变革与创新的思维，大胆地推进各国社会主义运动的变革与转型。这是符合世界政党发展规律的，也是符合社会主义运动发展规律的。习近平总书记指出："各级领导干部要继续深化对共产党执政规律、社会主义建设规律、人类社会发展规律的认识，特别是要主动研究社会主义初级阶段社会生产力发展规律、生产关系适应生产力发展的规律，提高解放和发展社会生产力的自觉性、主动性。"① 进一步讲，只有不断深化对社会主义建设规律的认识和研究，才能切实立足具体国情，放眼时代潮流，坚持和发展好马克思主义。

世界社会主义运动的变革和转型是工人阶级和广大劳动群众经过几个世纪的斗争所取得的成果，体现了人类社会的不断进步。从一开始，在自诩为多党制和民主制的资本主义发达国家中，共产党并不能获得合法性。直到1975年以前，像西班牙、葡萄牙这样的老牌资本主义国家的共产党还处在非法地位。甚至在20世纪90年代，东欧地区的不少国家还一度将共产党置于非法地位。"20世纪末和21世纪初，法、意、西、美、日等西方国家的共产党提出了使共产党现代化和建设群众性政党的方针，以使党的组织形态更加适应当前国内外形势发展的需要。"②

1872年，第一国际海牙代表大会结束后，马克思在阿姆斯特丹的群众大会上发表讲话。他在谈到工人阶级应该推翻维护旧制度的旧政治时指出："我们从来没有断言，为了达到这一目的，到处都应该采取同样的手段。""我们知道，必须考虑到各国的制度、风俗和传统；我们也不否认，有些国家，像美国、英国，——如果我对你们的制度

---

① 中共中央文献研究室编《习近平关于社会主义经济建设论述摘编》，中央文献出版社，2017，第10~11页。
② 聂运麟：《现代群众性政党的五个新特征——西方国家共产党组织形态的历史性转型》，《人民论坛》2013年第24期。

有更好的了解，也许还可以加上荷兰，——工人可能用和平手段达到自己的目的。"① 在全球化条件下，各个社会主义国家的共产党和广大人民群众更加应该不失时机地就社会主义事业和国家建设寻求变革和转型。习近平主席在第一届"一带一路"国际合作高峰论坛上强调了"丝路精神"。习近平主席强调，以和平合作、开放包容、互学互鉴、互利共赢为核心的丝路精神，是人类文明的宝贵遗产。② 丝绸之路作为人文社会的交往平台，多民族、多种族、多宗教、多文化在此交汇融合，在长期交往过程中各个国家之间形成了"只要坚持团结互信、平等互利、包容互鉴、合作共赢，不同种族、不同信仰、不同文化背景的国家完全可以共享和平，共同发展"③ 的丝路精神。在今天，世界社会主义各国在推进经济政治社会各方面事业交流发展的过程中，坚持以丝路精神作为现代国际社会交往的最基本原则，积极参与重塑国际政治经济新秩序。只有这样，世界社会主义事业才能蓬勃向上，更加兴旺发达。

在争取社会主义胜利的实践斗争过程中，各国共产党有独立自主地制定自己的理论和策略的权利，我们应该尊重这一基本权利。邓小平同志在谈到"欧洲共产主义"时曾经指出："我们历来主张世界各国共产党根据自己的特点去继承和发展马克思主义，离开自己国家的实际谈马克思主义，没有意义。所以我们认为国际共产主义运动没有中心，不可能有中心。我们也不赞成搞什么'大家庭'，独立自主才真正体现了马克思主义。"④ 在谈到如何更好地处理兄弟党之间的关系时，邓小平又说，"各国的情况千差万别，人民的觉悟有高有低，国

---

① 《马克思恩格斯全集》第 18 卷，人民出版社，1964，第 179 页。
② 李忠发、王慧慧、李舒：《习近平出席"一带一路"国际合作高峰论坛开幕式并发表主旨演讲》，中国一带一路网，https://www.yidaiyilu.gov.cn/p/13357.html，最后访问日期：2025 年 2 月 20 日。
③ 钱彤、李斌：《传承丝路精神 共创美好明天——记习近平主席出席上海合作组织成员国元首理事会第十三次全议》，《人民日报》2013 年 9 月 14 日，第 3 版。
④ 《邓小平文选》第 3 卷，人民出版社，1993，第 191 页。

内阶级关系的状况、阶级力量的对比又很不一样，用固定的公式去硬套怎么行呢？就算你用的公式是马克思主义的，不同各国的实际相结合，也难免犯错误"，因此，"各国的事情，一定要尊重各国的党、各国的人民，由他们自己去寻找道路，去探索，去解决问题"。① 我们知道，独立自主原则是毛泽东思想的活的灵魂之一，是马克思主义的科学方法论，也保证了中国共产党人在百余年征程中取得一个又一个胜利。独立自主原则作为毛泽东思想活的灵魂和重要组成部分，是正确和始终坚持实事求是、依靠群众路线进行革命和建设的必然结论。毋庸置疑，独立自主也应该是处理各国共产党之间关系的正确的方法论原则。

三　现代化模式的新道路

恩格斯曾经反复地强调："我们的理论是发展着的理论，而不是必须背得烂熟并机械地加以重复的教条。"② 马克思主义之所以是发展着的理论，是其本身是时代的产物，并始终以时代条件为依据和基础。时代条件的改变，会使马克思主义原有的理论体系与基点之间出现一定程度的错位和滞后，这就要求马克思主义立足新的时代条件推进理论创新，从而延续理论的生命力。马克思主义的诞生乃至每一次创新发展，都与时代的深刻变革密切相关。时代推动马克思主义的新发展、开辟马克思主义的新境界、培育马克思主义新的生长点。当代世界正处在大发展大变革大调整时期，这为我们推进马克思主义的创新发展提供了新的契机。从理论成果来看，"中国化马克思主义"便是中国的马克思主义，而作为中国特色社会主义理论体系组成部分的习近平新时代中国特色社会主义思想又构成了中国化马克思主义的最新成果。正是在坚持不断推动马克思主义中国化、时代化的过程中，中国取得

---

① 《邓小平文选》第 2 卷，人民出版社，1994，第 318 页、第 319 页。
② 《马克思恩格斯选集》第 4 卷，人民出版社，2012，第 588 页。

了举世瞩目的成就，并通过制度创新逐步探索出一条有别于西方现代化模式的新道路。这条新道路被称为中国式现代化。

着眼于本国实际，顺应时代潮流，可以说是中国及其他几个社会主义国家建设社会主义的基本经验。中国及其他几个社会主义国家把社会主义道路的探索与实现本国现代化的进程统一了起来。这样，不仅为社会主义寻找到了新的发展可能，而且调动了广大群众推进现代化的积极性。

在刚刚推行改革开放的时候，中国的转型模式并不被西方看好。当"华盛顿共识"整体受到质疑后，西方学者又提出了"北京共识"。在热议"北京共识""中国模式"的过程中，西方学者往往"无视"或"不关注"其背后的中国特色社会主义制度本身，从而也就不可能从整体上把握"中国模式"的本质，不理解"北京共识"只是在社会主义中国实现现代化的道路模式。这一模式可以理解为马克思主义在社会主义国家生根开花的成功案例。

"北京共识"的提出者雷默把"中国模式"归纳为不受银行家的意图驱动、切合人民群众基本需要并寻求公正及高质量增长的一种发展途径。"'北京共识'的目标是帮助普通人民，而'华盛顿共识'的目标是帮助银行家。这从一个视角体现了'中国模式'的社会主义性质。"① 其实，这也说明"北京共识"是一种实现中国式现代化的模式。社会的公平发展，是追求社会福利的整体增加，而不单纯是资本的增值。因此，在策略方面，中国模式对私有化、自由贸易等进程遵循极为慎重的原则，"中国的新发展方针是由取得平等、和平的高质量增长的愿望推动的。严格地讲，它推翻了私有化和自由贸易这样的传统思想"②。

---

① 陈曙光：《"中国模式"：确定性与开放性的辩证统一》，共产党员网，https://news. 12371.cn/2014/05/08/ARTI1399498545532170.shtml，最后访问日期：2024 年 6 月 7 日。

② 黄平、崔之元主编《中国与全球化：华盛顿共识还是北京共识》，社会科学文献出版社，2005，第 6 页。

雷默把"北京共识"的特点归纳为艰苦奋斗、主动地创新和试验（如经济特区）；坚决捍卫国家疆土和利益（如台湾）；深思熟虑、不断积聚能量以作手段。其主要目标是：在坚持独立的同时寻求增长。

基于对中国经济模式及经济成就的分析，雷默指出"北京共识"是更适合中国、印度等新兴经济体的经济发展模式，该模式正逐步成为其他发展中国家学习的榜样。

雷默认为，"北京共识"的关键是重原则、主动创新和大胆试验，也就是中国人不断声称的"摸着石头过河"，找到适合自己的道路才是关键所在。坚持走适合中国国情的改革与发展道路。"求变、求新和创新是这种共识中体现实力的基本措辞，在中国的报刊文章、吃饭聊天和政策辩论中像祷告一样反复出现。"[1]

与"北京共识"自觉自发地寻找一条制度改进之路相反，"华盛顿共识"是西方新古典经济学家们用适合西方的理论来为转轨国家制定的改革政策，主要内容包括：强化政府财政纪律、增加政府公共投资、扩大税收基础、利率自由化、竞争性汇率、贸易自由化、引进外资自由化、国企私有化、放松市场准入管制、保护私有产权等。[2]

东欧的社会主义国家转型时采取的"休克疗法"就是依据"华盛顿共识"而设计的。"华盛顿共识"推崇的是市场的迅速开放和接受全球化观念，而"北京共识"主张一个国家在开放的同时必须保护本国环境，这样才能真正实现适度均衡、全面发展。"北京共识"的灵魂是创新、大胆实践、坚决捍卫国家利益。虽然"华盛顿共识"和"北京共识"都应该被视为在不同社会制度条件下的现代化模式，但"北京共识"则更具有普遍性，既可以为现存社会主义国家实现现代化提供借鉴，也可以为广大发展中国家实现现代化提供借鉴。"许多

---

[1]　黄平、崔之元主编《中国与全球化：华盛顿共识还是北京共识》，社会科学文献出版社，2005，第 7 页。

[2]　黄平、崔之元主编《中国与全球化：华盛顿共识还是北京共识》，社会科学文献出版社，2005，第 66~67 页。

国家想求得发展与安全，但几百年来不断看到过于依赖发达国家提供援助的发展模式以失败告终，对于这些国家来说，中国所发生的一切，包括创新、不对称性、对平等的关注、对有关公民权利与义务的新思想的探索等，都有着极大的吸引力。"①

四　后金融危机时代的世界社会主义运动

2008 年美国爆发了金融危机，这场危机迅速从美国扩展到全球，美国、日本、欧盟等主要发达经济体都陷入了衰退，发展中国家经济增速也开始放缓，世界经济面临着自 20 世纪 30 年代以来最严峻的挑战。此次国际金融危机是由 2007 年 8 月美国爆发的次贷危机引起的。国际金融危机产生的原因是多方面的、多层次的，要从直接原因、深层原因和私有制根源三个层面进行分析。

（一）直接原因

这场金融危机的直接原因是新自由主义政策下金融产品的过度创新以及金融市场的过度投机。①放松管制的新自由主义政策。美国解除对金融机构的管制，使得越来越多的金融机构被吸引从事投机性业务，这为金融泡沫的产生埋下了祸根。②货币政策的操作不当。自 20 世纪 80 年代以来，长期的低利息率推动美国股票市场周期性地出现繁荣和泡沫。③金融创新的过度滥用。在利益最大化的驱动下，金融衍生品的种类和规模急剧膨胀。"一旦虚拟经济缺乏监管、过度膨胀就会产生泡沫经济，对实体经济造成巨大冲击，影响整个国家乃至全球经济运行。"② ④养老保障体制的市场化刺激了金融产品的需求。家庭对增加避险和流动性金融衍生工具的需求，不仅推动了金融市场的虚假繁荣，也进一步削弱了面向实体经济的投资。

---

① 黄平、崔之元主编《中国与全球化：华盛顿共识还是北京共识》，社会科学文献出版社，2005，第 51 页。

② 魏威：《马克思主义视域下金融危机的成因与启示——以美国次贷危机为例》，《科技创业月刊》2023 年第 1 期。

（二）深层原因

这场金融危机产生的深层原因是美国虚拟经济与实体经济长期失衡。美国的实体经济是指制造业、建筑业和交通运输业等，虚拟经济是指金融、保险服务业、房地产及租赁服务业。二战后至今，美国GDP 的内部结构发生了重要变化，实体经济不断衰落，经济"虚拟化"程度不断加深，金融业的脆弱性波及了整个美国经济。

（三）私有制根源

自 20 世纪 80 年代以来，以美国为代表的资本主义国家普遍推行的新自由主义经济政策以及以美元为主导的国际货币体系构成了这场危机的制度环境。从私有制根源上来看，美国金融危机不仅仅是金融市场的问题，也不单纯是实体经济与虚拟经济的失衡问题，更不仅是资本家人性贪婪的问题，还是美国资本主义基本矛盾在新的历史条件下进一步发展的必然结果。"资本主义私有制是形成金融危机的深层制度原因，金融资本的独立性、逐利性和贪婪性是形成金融危机的直接原因。"①

2008 年国际金融危机为世界社会主义的发展提供了难得的机遇，危机使资本主义国家的工人运动和社会运动重新得以开展，这就对世界资本主义制度构成了一定的冲击与挑战。"金融危机发生后，资本主义的各种弊端日趋明显，在此基础上，不仅有组织的工人运动在主要资本主义国家频繁爆发，而且社会各界自发形成的各种抗议、集会和游行等也接连发生，与工人运动交织在一起，形成反抗资本主义现行体制的重要组成部分，2011 年的英国骚乱和美国的'占领华尔街'运动、威斯康星州民众抗议等就是明显的例证。与工人运动相比，这些社会运动的目的是指出现行体制的某些缺陷，迫使资本主义国家进行改良和完善，它具有社会基础广泛化、意识形态多元化、运动手段

---

① 王伟光：《运用马克思主义立场、观点和方法，科学认识美国金融危机的本质和原因——重读〈资本论〉和〈帝国主义论〉》，《马克思主义研究》2009 年第 2 期。

非暴力化以及组织形式分散化等特点，能够集合更为广泛的民众参与。"① 国际金融危机以来，虽然当代发达资本主义国家仍处于深度调整期，复苏前景不明朗，但大多数社会主义国家及部分左翼政党执政的国家却发展良好。同时，当代世界社会主义运动也孕育着新的发展内涵，社会主义历史使命不但没有弱化反而得到继续强化。只有把握了社会主义发展的新态势、新特点，才能进一步深化对社会主义发展前景和规律的认识。当前世界社会主义发展出现的新特点表现为：发展模式多元化，左翼力量不断壮大，国际合作形式出现新变化，世界社会主义理论研究再次成为各国的新热点。

客观而言，今天世界社会主义运动已经走出了东欧剧变、苏联解体的阴影，步入了一个全新的发展周期。也可以说，世界社会主义国家都相继步入发展的新阶段，进入了自身力量不断增长、不断调整的"新常态"。这具体表现为，一是两种制度之间有着在共存中竞争的复杂关系；二是整个世界的主题是和平与发展，这为现存社会主义国家发展生产力提供了难得的发展环境；三是亚非拉各国已经摆脱了被殖民被压迫的处境，可以独立自主地探索解决本国建设与发展的问题，呈现出多样化的发展道路和发展模式；四是从内部或主观方面看，东欧剧变、苏联解体后，世界社会主义运动内部正在形成以中国特色社会主义为中流砥柱的新态势，社会主义发展的多元化态势正得到巩固和加强，世界左翼运动也取得不同程度的发展，社会主义价值观念正在深入人心。

从总体上看，当前的世界社会主义运动还处于回升过程中的低潮，但低潮中有亮点，局部上有所建树和突破。在各国工人的国际联合上，呈现出较好的势头。中国作为最大的社会主义国家，中国特色社会主义事业高歌猛进的示范效应在持续发酵和增强。强调更多的多样性和

---

① 邢文增：《金融危机背景下西方工人运动的发展及其面临的挑战》，《科学社会主义》2013年第2期。

自主性正在成为世界社会主义运动发展的新态势，全球化也为世界社会主义运动变化发展提供越来越有利的平台。

当前，世界社会主义运动已进入新的发展时期，世界范围内反对和变革资本主义的世界社会主义运动开展得有声有色，各具特色的社会主义民族化趋势与加强联合的国际化合作并存发展。中国特色社会主义成为世界社会主义国家的一面旗帜，发挥着强大的引领与示范作用。可以预见的是，世界资本主义将会长期处于新一轮衰退期，而世界社会主义则处于新一轮的上升期，两者之间的竞争与博弈关系将会更趋激烈。

时代变迁为世界社会主义运动新发展提供了有利条件，未来各个社会主义国家应重视科学技术的发展，重视推进社会经济全面发展，努力追赶互联网发展潮流，不断去完善社会主义制度。在互联网条件下的世界社会主义运动，应充分地体现个人自由发展的时代性、民主的时代性、社会的时代性、民族和世界历史的时代性。这样，社会主义国家才能把握好全球化时代条件下社会主义的本质内涵、目标前景、发展道路。

进入新时代，习近平总书记明确指出，"我们的事业是向世界开放学习的事业，关起门来搞建设不可能成功"[1]。"拉美现象""西亚北非危机"等大量事实昭示，将实现现代化的美好愿景寄托于西方国家的援助只能是一种幻想。[2] 因此，今天世界社会主义运动在各国发展中面临的仍然是在坚持独立自主原则基础上达成更多共识的问题。这种共识不仅包括对资本主义发展特点和趋势的共识，也包括对世界社会主义运动的形式、世界社会主义运动的多元化的共识。只有解决这个共识问题，才能深化对国际共产主义及其运动的理解，从而在现实层面上达成更务实的合作与联合。

---

[1]　《十八大以来重要文献选编》上，中央文献出版社，2014，第 461 页。

[2]　陈明凡、王娜：《"跟跑""并跑""领跑"：中国式现代化在世界社会主义发展中的演进逻辑》，《社会主义研究》2024 年第 2 期。

第三节　当今时代仍然处于马克思揭示的从资本主义走向社会主义的大时代

在纪念马克思诞辰 200 周年大会上，习近平总书记深刻指出："一部马克思主义发展史就是马克思、恩格斯以及他们的后继者们不断根据时代、实践、认识发展而发展的历史，是不断吸收人类历史上一切优秀思想文化成果丰富自己的历史。因此，马克思主义能够永葆其美妙之青春，不断探索时代发展提出的新课题、回应人类社会面临的新挑战。"[①] 马克思主义在当代资本主义的发展状况集中回答的是马克思主义时代性问题中的科学性和批判性问题，也是关于马克思主义学术话语权的问题。马克思主义产生于自由资本主义阶段，在随后的垄断资本主义阶段以及今天的国际垄断资本主义阶段，它都仍然是西方学者所无法跨越和忽视的理论高峰。这是因为面对今天资本主义社会的不公正性和可持续性发展的问题，西方政治学家特别是经济学家除了进行简单的批判，依然无能为力。索罗斯批评指出："今天的全球资本主义体系是开放社会的一种扭曲形式。它过于相信利润动机和竞争机制，无法通过合作决策来保护共同利益。"[②] 虽然在今天的资本主义国家里，马克思主义主要是在理论界有着重要影响，但随着资本主义本身的发展矛盾愈演愈烈，终有一天它会再度成为工人阶级和广大群众的理论武器。只要马克思主义准确认识资本主义社会发展规律的科学性和真正揭示无产阶级终将是推翻资本主义制度的掘墓人的批判性没有丧失，其切实地发挥出有助于人们正确认识和改造资本主义现实世界的实践性就是必然的。

---

① 习近平：《在纪念马克思诞辰 200 周年大会上的讲话》，《人民日报》2018 年 5 月 5 日，第 2 版。

② 〔美〕乔治·索罗斯：《开放社会：改革全球资本主义》，王宇译，商务印书馆，2001，第 185 页。

相比较而言，马克思主义在当代社会主义国家的总体发展状况体现了马克思主义时代性问题中的实践性、现代性。马克思主义能够极大提升社会主义国家原有发展水平，加速这些国家的现代化进程。同时，伴随着实践的发展，马克思主义必然会得到进一步丰富和发展。

前文第一部分阐释清楚了马克思主义在当代资本主义世界的总体发展状况的问题，也就阐释清楚了马克思主义的时代地位、时代主题，明确了马克思主义的批判性、科学性。换言之，马克思主义所涉及的重大理论问题及其解决方式仍然是时代发展的前沿问题、热点问题、难点问题，依然是最有影响力的指引我们推动中国特色社会主义建设的科学理论。"共产主义是人类社会最和谐、最美好、最高级的社会形态，是共产党人的终极追求。人类社会必将最终走向共产主义，这是马克思主义对人类历史矛盾运动进行缜密分析得出的科学结论。"[①]由于始终坚持的是共产主义的美好社会理想和科学理想，中国共产党始终站在人民的前面，领导和组织了广大人民群众改天换地、开天辟地、翻天覆地地推动了社会主义建设，不断丰富和发展了马克思主义理论，推进了马克思主义中国化时代化发展，不断完善和发展了中国特色社会主义制度，意气风发、斗志昂扬，推动了中国式现代化，实现了对资本主义现代化的超越和迭代。

前文第二部分阐释清楚了马克思主义在当代社会主义世界的总体发展状况的问题，也就清楚了马克思主义的时代价值、时代形态，理解了马克思主义的实践性和现代性。换言之，当今时代判断一种发展理论是否有价值，要看它是否能在实践中极大地推进国家的现代化进程，是否有助于国际政治经济新秩序的重建。

今后，我们还需对马克思主义的时代命运进行思考，即回答 21 世纪马克思主义的生命力问题。我们知道，马克思主义产生于 19 世纪的

---

① 国防大学习近平新时代中国特色社会主义思想研究中心编著《新时代强国之道》，人民出版社，2021，第 2 页。

欧洲，但其生命力远远超越了特定时空，它同样也是 21 世纪的世界所需要的马克思主义。这就是我们在第三部分要解决的重大问题，弄清楚马克思主义何以具有强大的理论阐释力、话语力和自信能力。

一 "历史终结论"的终结

"历史终结论"最早源于美籍日裔学者弗朗西斯·福山（Francis Fukuyama）1988 年所作的一次题为"历史的终点"的讲座。随后，他在讲座的基础上写成论文——《历史的终结？》。1989 年，美国新保守主义期刊《国家利益》发表了这篇文章，标志着"历史终结论"作为一个完整的理论体系被正式提出。在《历史的终结与最后的人》一书的新版序中，福山就说道："二十五年前，我为《国家利益》这个小杂志撰写了'历史的终结？'一文。那是 1989 年春，对于我们这些陷在冷战的政治和意识形态大论争中的人而言，是一个令人难以置信的时刻。这篇文章恰好发表在柏林墙倒塌前几个月，那时，民主转型的浪潮正在东欧、拉美、亚洲和撒哈拉以南的非洲进行得如火如荼。""经济现代化和政治现代化的过程，并没有像马克思主义者断言和苏联宣称的那样，通向共产主义，而是走向了各种形式的自由民主和市场经济。我写道，历史在自由中达到顶峰：民选政府、个人权利，以及劳资流通只需适度政府监管的经济体制。"① 可以说，"历史终结论"并不是指人类历史最终走向终结的理论，而是指主张"历史的发展证明西方的市场经济和民主政治是人类的唯一选择"的理论观点。"历史终结论"认为，苏联解体和冷战的结束不仅标志着共产主义的终结，更证明了人类历史的发展只有西方市场经济和民主政治这一条道路；人类社会的发展史就是"以自由民主制度为方向的人类普遍史"，而自由民主制度是"人类社会意识形态发展的终点"和"人类最后一种统

---

① 〔美〕弗朗西斯·福山：《历史的终结与最后的人》，陈高华译，广西师范大学出版社，2014，新版序，第 1 页。

治形式"。简单地说，马克思把人的解放、共产主义看作人类社会发展的方向，福山则认为西方自由民主制度是人类历史的终结。换言之，马克思主义关注的是人类社会的整体进步和真实发展，福山只是关注社会进步的某些方面，例如民主和自由。他不理解民主和自由只是人类社会进步的一个方面，特别是不能脱开整个社会制度、国家环境和时代主题变化本身来抽象谈论民主和自由。正如市场经济可以分为社会主义和资本主义的，同样民主和自由也存在社会主义和资本主义的区别。因此，不能因为人类社会民主自由的程度在改善，就认为是资本主义的功劳，进而坚持人类只能选择资本主义，社会主义是走不通了。福山还从经济上论证自己的"历史终结论"。"资本主义在某种意义上是成为发达国家的必由之路，而僵化集权的社会主义则是创造财富和现代技术文明的重大障碍，这一事实在二十世纪最后十年可以说成了人们的普遍共识。"[①] 随着东欧剧变和苏联解体，社会主义国家在短短两三年内由 15 个减少到 5 个。[②] 世界发达资本主义国家的发展不但没有带来人类的普遍繁荣反而使得发展中国家和发达国家的贫富差距不断拉大。资本主义几百年的现代化运动，仅仅让 20% 的人口享受着现代化的成果。许多国家不是因为建立了社会主义制度才成为贫穷落后国家，恰恰相反，是因为这些贫穷落后国家想要摆脱被发达国家剥夺和压迫的落后现状才选择了社会主义道路。面对西方列强的围堵和打压，成功建立和建设好社会主义制度的难度可想而知。因此，苏联解体的原因并不能简单认为是社会主义制度本身缺乏科学性，还应从两大制度和两大阵营的斗争状况中去分析。换言之，以苏联为代表的一系列社会主义国家解体与西方资本主义阵营的围堵扼制脱不开关系，与资本主义制度本身的独占性、狭隘性分不开。

福山仅仅是从民主和自由的政治学视角来理解两种制度，抛出了

---

① 〔美〕弗朗西斯·福山：《历史的终结与最后的人》，陈高华译，广西师范大学出版社，2014，第 117 页。

② 王伟光主编《社会主义通史》第七卷，人民出版社，2011，第 6 页。

所谓的"历史终结论"。"历史终结论"自然也不能正确评价冷战结束以后资本主义和社会主义两种制度的命运及其斗争。研究人类历史的理论并不少见，但很少有理论能像马克思主义那样对人类历史的内在规律作出高度概括。马克思主义完成了对以往一切旧哲学和历史唯心主义的双重革命，创立了崭新、科学的理论范式。它坚持辩证唯物主义和历史唯物主义的世界观和方法论，用生产力和生产关系、经济基础和上层建筑的社会基本矛盾运动来解释人类历史的发展变化，肯定了生产力是推动社会前进最活跃、最革命、最根本的力量，科学揭示了资本主义社会的内在矛盾，深刻把握了历史发展的客观趋势，创立了科学社会主义。

单就福山本人近年来的著作和文章的题目来看，我们不难发现他的观点和态度确实发生了明显的变化甚至根本性的转向，如《政治秩序的起源》(*The Origins of Political Order*，2011)、《政治秩序和政治衰败：从工业革命到民主全球化》(*Political Order and Political Decay: From the Industrial Revolution to the Globalization of Democracy*，2014)、《历史的未来：自由民主制度能否在中产阶级的衰落中幸存下来?》(The Future of History：Can Liberal Democracy Survive the Decline of the Middle Class?，2012)。在他看来美式民主制度由于三权分立而变得步履维艰，他对美国政府及美式民主失望至极。正如马克思早已指出的，西方民主的本质是资产阶级专政，而根本不是什么自由。例如，马克思和恩格斯在《共产主义者同盟中央委员会告同盟书》中强调，资产阶级民主只是"资产阶级专政的一种形式"。[①] 在反思了美式民主后，福山对英国及欧洲国家的民主依然保留了肯定的态度，因此他对于西方社会的自由与民主最终并没有形成统一的认识。福山对美国民主的观点发生戏剧性转变的原因是什么呢？这一转变除了与中西方学者学术上的交锋以及他本人对问题的重新认识有关外，在现实层面上也和国际金

---

① 《马克思恩格斯文集》第 2 卷，人民出版社，2009，名目索引，第 925 页。

融危机余波未平、"中国道路"的世界意义日益凸显有着直接的关系。显然，后面两种情况都直接证明了马克思主义依然有着强大的理论阐释力。"中国道路"在马克思主义经典文本中找不到现成的答案，它是中国共产党和中国人民在实践层面上基于中国特殊环境和全球化时代条件、坚持马克思主义基本原理、丰富马克思主义时代内涵的实践发展成果。

伴随着冷战的结束，美国成为仅存的超级大国，并企图以此为契机向全世界推广美国式民主政治和美国的市场经济模式。"华盛顿共识"就是这种强权政治的具体表现。然而，随着国际形势的发展和变化，"华盛顿共识"很快陷入了困境。有学者指出，"华盛顿共识"主要是以新自由主义经济学作为理论基础提出来的转轨理论，其转轨策略就是休克疗法的激进转轨模式，其主要内容包括全面推进经济自由化、财产私有化、政治民主化、政策稳定化（即不会灵活变通，坚持一刀切——引者注）。① 当面对一些严重的世界问题时，例如南北贫富差距拉大、环境恶化、国际恐怖主义、毒品走私国际化等问题，"华盛顿共识"无能为力或疲于应付。国际形势的发展越来越要求加快从强权政治向道义政治的转变，也寄希望于美国作为世界的"领头羊"能很好地解决这些问题。其结果是，中国的发展道路在世界上越来越富有吸引力，受到了国际社会的赞誉。这一切也都说明，中国的发展壮大引起了世界的广泛关注，并有益于国际社会。

进入 21 世纪以来，"中国模式"更是国际主流媒体关注的热点，2008 年北京奥运会、2008~2011 年汶川大地震灾后重建、2009 年中华人民共和国成立 60 周年庆典以及由美国次贷危机引发的全球金融危机，都提升了"中国模式"的影响力。福山也不得不依据事实对自己发表的"历史终结论"进行了部分自我修正，他撰文称，中国之所以成功应对了金融危机，是基于它的政治体制能力，能迅速做出重大的、

---

① 张建君：《中国经济转型的实践模式及内在逻辑》，人民出版社，2012，第 165~166 页。

复杂的决策，并有效地实施。相比较而言，美国却不具有应对危机的体制能力，它变得更加刚性。①

当美国在全世界的声望和影响力一再受挫时，中国的国家硬实力和国家软实力在持续增长着。在 1989 年后不久，西方部分学者开始对中国持怀疑、焦虑甚至敌视的态度。"苏联和东欧剧变之后，西方有许多人就一直在关注社会主义中国的前途和命运问题。在 20 世纪 90 年代，西方有的学者曾断言苏东剧变之后中国会随之崩溃，此谓'中国崩溃论'；也有学者断言，正在逐渐强大的中国会对世界构成威胁，此谓'中国威胁论'。"② 他们认为中国必然会垮台，不得不拥抱资本主义政治改革以图存。事实是，1978～2018 年，中国 GDP 从 3645 亿元增加到 91.9 万亿元，增长约 251 倍③。中国共产党带领中国人民成功开创了中国特色社会主义道路，并建立了社会主义市场经济体制。在经济全球化深度推进的今天，应当说人类社会通往自由民主的路径是多种多样的，并没有一成不变的自由和民主。当前，资本主义的历史并没有终结，但因其固有矛盾的不可调和性，资本主义社会逐渐接近历史的终结，反倒是社会主义的历史没有终结，不仅在全球危机中顽强生存，而且日益成为维护世界和平发展、地区团结稳定的重要力量。

时至今日，马克思主义对资本主义社会制度本质与命运的强大解释力经受住了历史的考验。例如，每当资本主义爆发经济危机的时刻，人们都会愈发意识到马克思关于资本主义生产方式理论的科学性；从全球范围来看，当代资本的集中度和侵略性、工人阶级的数量都在增

---

① 任晓驷编著《中国为什么能？》，新世界出版社，2015，第 6 页。
② 陈正良：《中国"软实力"发展战略研究》，人民出版社，2008，第 202 页。
③ 《大改革 大开放 大发展——改革开放 30 年我国经济社会发展成就系列报告之一》，国家统计局网站，https://www.stats.gov.cn/zt_18555/ztfx/jnggkf30n/202303/t20230301_1920460.html，最后访问日期：2025 年 2 月 20 日；《国家统计局关于修订 2018 年国内生产总值数据的公告》，国家统计局网站，https://www.stats.gov.cn/sj/zxfb/202302/t20230203_1900533.html，最后访问日期：2025 年 2 月 20 日。

加，资本与劳动的冲突依旧存在且日益尖锐化，这都说明了马克思对于资本主义制度的剖析不仅没有过时反而显得更加中肯。虽然今天的资本主义早就不是马克思当年描绘的那个样子，资本主义国家无产阶级和广大人民群众生活得到大大改善，但并不能说马克思主义过时了，实现无产阶级和广大人民群众的彻底解放还有很长一段路要走。英国著名马克思主义理论家和文化批评家伊格尔顿强调："从全球范围看，资本的集中度和侵略性都有增无减，而工人阶级的数量也在实际上大大增加了。""就像马克思曾经预言过的那样，在我们生活的这个时代，财富分配不均已经大大加深。""资本主义制度的逻辑就是：只要有利可图，即便反社会也在所不惜，而这就意味着将有许许多多人死于非命。"[1] 在对资本主义及人类社会发展规律的分析方面，当下没有一种理论能替代马克思主义。马克思主义的问题域是广阔而开放的，胸怀整个人类社会。马克思主义是真理，所提供的世界观和方法论是科学且具有说服力的。马克思主义强大的理论阐释力赋予了它经久不衰的生命力。

马克思主义特别是中国化时代化的马克思主义造就了20世纪后半叶世界最壮观的中国经济发展奇迹，扭转了"社会主义在全世界的威望"，挽救了"社会主义大船"的倾覆，点燃了世界社会主义运动的希望，也宣告了"历史终结论"的终结，这是"中国模式"不可磨灭的世界历史意义。"如果说苏联东欧为何会发生剧变可以被称为20世纪的历史之谜，那么，中国的快速发展却成为近来西方学者极力探索的另一个历史之谜。"[2] 由此，我们说中国今天所选择的中国特色社会主义道路在人类文明发展史、社会主义发展史以及中华民族伟大复兴史上，都具有重要的意义。然而，"中国模式"中被证明是正确的东西，中国却无意将其"出口"到西方。"中国模式"即中国特色社会

---

① 〔英〕特里·伊格尔顿：《马克思为什么是对的》，李杨等译，新星出版社，2011，第12、13页。

② 陈正良：《中国"软实力"发展战略研究》，人民出版社，2008，第202页。

主义道路。1988 年 5 月 18 日，邓小平会见莫桑比克总统希萨诺时说："世界上的问题不可能都用一个模式解决。中国有中国自己的模式，莫桑比克也应该有莫桑比克自己的模式。"① 在这句话里，"中国自己的模式"显然是指"中国特色社会主义道路"，这是邓小平对"中国模式"的首次公开表述。可以说，中国模式的哲学意蕴正在于必须从各国的具体实际出发，反对照搬照抄别国的发展模式。中国从来不搞模式输出，从不追求让自己的社会制度和意识形态统治世界。可以想见，新自由主义和"华盛顿共识"之所以广受批评，一个重要原因就在于试图把一种发展模式强加给那些不同结构、不同体制和不同需要的国家。与之形成强烈对比的是，中国对自己的发展模式始终保持了鲜明的理性，中国反复强调"各国的事情，一定要尊重各国的党、各国的人民，由他们自己去寻找道路"②，其实，中国模式的吸引力正在于它不会强行推广任何模式。

"历史终结论"的悲剧在于，把人类丰富多样的发展模式局限为一种模式，没有看到历史是不断前进和上升的，也没有认真去反思自己道路或模式的问题，特别是没有看到马克思主义依然是我们今天最富有理论阐释力的科学体系，无视马克思主义所指导下的社会主义依然富有强大的生命力。

二 马克思主义是广大无产阶级实现自身解放的武器

学者们经常引用马克思写于 1843 年的《〈黑格尔法哲学批判〉导言》中的一段话，"批判的武器当然不能代替武器的批判，物质力量只能用物质力量来摧毁；但是理论一经掌握群众，也会变成物质力量。理论只要说服人，就能掌握群众；而理论只要彻底，就能说服人。所谓彻底，就是抓住事物的根本。而人的根本就是人本身"③。

---

① 《邓小平文选》第 3 卷，人民出版社，1993，第 261 页。
② 《邓小平文选》第 2 卷，人民出版社，1994，第 319 页。
③ 《马克思恩格斯文集》第 1 卷，人民出版社，2009，第 11 页。

这段话充分体现了马克思主义的实践性、革命性、批判性。从本质上讲，这段话也充分体现了马克思主义理论在 21 世纪依然拥有强大说服力。

马克思和恩格斯共同起草的《共产党宣言》被认为是毫无疑问的十九世纪最具影响力的作品。[①] 与政治家、科学家、军人和宗教人士不同，很少有思想家能真正改变历史的进程，而《共产党宣言》的作者恰恰在人类历史的发展进程中发挥了决定性的作用。[②] 马克思主义理论受到了不分种族、国别、宗教、文明的许多人的衷心拥护，这体现了马克思主义是真正实现无产阶级和全人类解放的科学理论，具有无比强大的话语影响力。

马克思为什么是对的？这在西方和中国，都是一个引人关注的问题。英国当代著名的马克思主义研究学者特里·伊格尔顿，也是当今在马克思主义研究方面最具影响力的评论家之一。在《马克思为什么是对的》一书中，他有针对性地批判了今天西方最具代表性的十种反马克思主义观点，即马克思主义终结论或过时论、实践有害论、宿命论、乌托邦论、还原论、机械唯物论、阶级痴迷论、暴力革命论、集权国家论、地位边缘论。其中，第一种观点就是马克思主义终结论或过时论，即已经不是指导广大人民群众解放的理论。

马克思主义结束了。在那个工厂林立、到处充满饥饿暴动的世界里，那个以数量众多的工人阶级为标志的世界里，那个到处都是痛苦和不幸的世界里，马克思主义还多少有些用处。但马克思主义在今天这个阶级分化日益淡化、社会流动性日益增强的后工业化西方社会里，绝对没有一点用武之地。如今，仍然坚持支

① 〔英〕特里·伊格尔顿：《马克思为什么是对的》，李杨等译，新星出版社，2011，英文版出版序言，第 2 页。
② 〔英〕特里·伊格尔顿：《马克思为什么是对的》，李杨等译，新星出版社，2011，英文版出版序言，第 2 页。

持马克思主义的都是一些老顽固。他们不肯接受这样一个事实：我们的世界已经取得了极大的进步，而过去的那个世界再也不会回来了。[①]

马克思主义是有史以来对资本主义制度批判最彻底、最全面、最严厉的科学理论，也极大地改变了我们曾经所面对的旧世界。我们不应该因为今天的时代不同于马克思曾经的时代，就抱怨马克思主义过时了。今天的时代变得更加美好应该归功于马克思及整个社会主义运动。今天，巨大的财富和权力分配差距，帝国主义的战争，得寸进尺的剥削，压迫性越来越强的霸权主义强权政治……所有这些可以用来概括当今世界现状的重大问题，其实都是马克思主义一百多年来一直思考并努力解决的问题，甚至有人指望马克思可以为生活在今天的西方人作出一些启示。2008 年国际金融危机以后，马克思的《资本论》在西方社会再度流行，就说明了这一点。可以说，马克思主义在今天国际帝国主义阶段依然不可或缺，充满了生命力。

马克思主义不同于资产阶级意识形态的地方在于，马克思主义从来没有把资本主义制度当作自然而然的存在，或永恒的存在，而是视其为一种"历史过程"。没有人比马克思对资本主义有更高评价了，他既充分肯定了资本主义的历史功绩，又毫无遮掩地揭穿了资本主义发展中的各种矛盾与丑恶，冷静地告知人们资本主义必然走向灭亡。对马克思主义而言，仅仅"阐释"资本主义是不够的，还需对其进行"批判"，它深刻而全面地揭露了资本主义的盲目性、反生态性和非人道性。因此，马恩时代的马克思主义无论是在工人阶级还是在统治阶级中都非常有说服力。

在工人阶级中有说服力，表现为，马克思和恩格斯为工人革命运

---

① 〔英〕特里·伊格尔顿：《马克思为什么是对的》，李杨等译，新星出版社，2011，第5 页。

动进行了大量的理论研究和革命实践活动。马克思认真总结了 1848 年革命的经验教训，写出了《1848 年至 1850 年的法兰西阶级斗争》《路易·波拿巴的雾月十八日》，恩格斯也写成《德国的革命和反革命》等书。1859 年，马克思写成《政治经济学批判》第一分册，并着手撰写他的不朽名著《资本论》。《资本论》被称为"工人阶级的圣经"。同时，他们还积极对英国工人和工会活动家进行宣传教育，并通过他们去影响广大的工人群众。马克思和恩格斯还特别注意培养国际工人运动的领导骨干，想方设法同各地的革命者进行广泛联系，要求他们努力学习、掌握革命理论，迎接新的革命高潮。马克思和恩格斯为建立新的无产阶级国际组织做好了思想上和组织上的准备。

1863 年，波兰爆发了人民反对沙俄统治的民族起义。这次起义直接促成了第一国际的诞生。马克思、恩格斯对波兰起义非常重视，动员欧洲各国的工人阶级全力声援波兰人民的革命运动。1864 年 9 月 28 日，英、法、德、意、波兰等国工人代表在伦敦召开盛大的国际性会议，再次讨论了声援波兰人民和国际工人联合斗争的问题。大会决定成立国际性的工人组织，并选出临时中央委员会。这个工人组织后来被定名为"国际工人协会"，简称"第一国际"。马克思起草了《成立宣言》和《共同章程》两个纲领性文件，规定了国际工人协会的政治方向和组织原则。可见，马克思主义理论正是因为彻底，抓住了人民内心的呼声，才具有了强大的说服力，从而真正影响群众，掌握群众，变成改造世界的物质力量。

同样，马克思主义理论也在各色的统治阶级中产生了重要影响。与在工人阶级中的影响不同，这种话语却让统治阶级们寝食难安，欲除之而后快。对此，《共产党宣言》首页文字可以证明。

一个幽灵，共产主义的幽灵，在欧洲游荡。为了对这个幽灵进行神圣的围剿，旧欧洲的一切势力，教皇和沙皇、梅特涅和基佐、法国的激进派和德国的警察，都联合起来了。

有哪一个反对党不被它的当政的敌人骂为共产党呢？又有哪一个反对党不拿共产主义这个罪名去回敬更进步的反对党人和自己的反动敌人呢？

从这一事实中可以得出两个结论：

共产主义已经被欧洲的一切势力公认为一种势力；

现在是共产党人向全世界公开说明自己的观点、自己的目的、自己的意图并且拿党自己的宣言来反驳关于共产主义幽灵的神话的时候了。

为了这个目的，各国共产党人集会于伦敦，拟定了如下的宣言，用英文、法文、德文、意大利文、佛拉芒文和丹麦文公布于世。①

一方面，马克思主义理论是对一切统治阶级包括资产阶级的剥削秘密的彻底揭示，具有严密的科学性和深厚的历史性，因而，其话语的说服力毋庸置疑。另一方面，马克思主义理论善于把工人阶级乃至广大人民群众的根本利益用科学的话语体系表达出来，因而，其文本发挥了凝聚全世界无产阶级和被压迫阶级的经久不衰的力量。可以说，哪里有问题，哪里有不公正，哪里就有马克思主义。今天，中国特色社会主义伟大事业包括"一带一路"和人类命运共同体倡议赢得了越来越多的支持，赢得了越来越多的世界关注，都证明了马克思主义在21世纪依然具有强大的生命力和影响力。

三 "以人民为中心"的21世纪马克思主义

习近平总书记在庆祝中国共产党成立100周年大会上的讲话中指出："新的征程上，我们必须坚持马克思列宁主义、毛泽东思想、邓小平理论、'三个代表'重要思想、科学发展观，全面贯彻新时代中

①《马克思恩格斯文集》第2卷，人民出版社，2009，第30页。

国特色社会主义思想，坚持把马克思主义基本原理同中国具体实际相结合、同中华优秀传统文化相结合，用马克思主义观察时代、把握时代、引领时代，继续发展当代中国马克思主义、二十一世纪马克思主义！"① 坚持以人民为中心始终是马克思主义理论得以丰富发展的内在动力。自马克思主义创立之日起，一百多年来马克思主义不断与各国具体情况相结合，不断与时代要求相契合，不断得以丰富发展，直面本国和时代难题，表现出了强大的自我革新能力。

马克思主义研究的基本方法论原则正是上面提到的"以人民为中心"，这表现在以下三个方面。第一，着眼于人民迫切需要解决的客观问题，即自然界和人类社会生活中的现实矛盾。矛盾只能想办法化解，而不能回避。否则，就不能充分满足人民的各种需要。第二，"以人民为中心"同时也是坚持以马克思主义来解决现实性问题的价值指引。这就意味着认真研究和不断改变人民所迫切需要改变的"现实""存在""关系"等。第三，坚持"以人民为中心"意味着必须直面现实问题特别是"世纪问题"，即带有根本性和时代性的发展问题。在马克思那里，特别强调问题是"时代之声"。② 因此，发展"以人民为中心"的 21 世纪马克思主义体现了对 21 世纪问题的关注和解决。这一点体现出马克思主义开放包容、勇于自新的理论勇气。

"以人民为中心"是指马克思主义理论研究要一切从实际出发，是指从实际中的现实问题和人民呼声出发；"以人民为中心"是指在确定我们理论研究的对象时，要"以我们正在做的事情为中心"，通过解决问题的实践来获得理论发展的资源，在问题的倒逼中找到理论问题的解决办法；"以人民为中心"是指站在人民立场上确定我们从事理论研究和理论发展的方向，确定理论研究主题，化实际问题为理

---

① 《习近平著作选读》第 2 卷，人民出版社，2023，第 483 页。
② 《马克思恩格斯全集》第 1 卷，人民出版社，1995，第 203 页。

论问题;"以人民为中心"不但要着重理论研究,更要注重理论创新,把人民发展需要视为"创新的起点""创新的动力源";① "以人民为中心"是对唯物辩证法中发展观点、矛盾观点、联系观点在理论研究和理论建构中的综合运用。

毛泽东曾经说过:"没有抽象的马克思主义,只有具体的马克思主义。"② 因此,"以人民为中心""以我们正在做的事情为中心",就从根本上要求我们敢于不断开辟 21 世纪马克思主义的新境界,不断提升 21 世纪中国马克思主义的新高度。中国人民的需要与世界人民的需要是相通的,只有充分满足世界人民的需要,才能真正满足中国人民的需要,反之亦然。因此,中国的 21 世纪马克思主义就是世界的 21 世纪马克思主义,我们正在做的事情是马克思主义指导下的世纪性重大实践,是 20 世纪遭遇挫折的世界社会主义事业的伟大复兴,也开辟了社会主义事业的最新境界。

当代中国马克思主义的现实形态就是习近平新时代中国特色社会主义思想,开辟以人民为中心的 21 世纪马克思主义发展新境界也就实现了中国特色社会主义理论体系的新飞跃。

中国特色社会主义理论体系是在当代中国特色社会主义建设实践过程中,所形成的富有中国特色、中国风格、中国气派的马克思主义哲学、政治经济学和科学社会主义思想,也包含与当代中国特色社会主义建设实际具有密切联系的各相关社会科学学科中的马克思主义思想。中国特色社会主义理论体系,是由邓小平理论、"三个代表"重要思想、科学发展观、习近平新时代中国特色社会主义思想等重大战略思想构成的一个有机整体,作为一个科学完整的理论体系,它不是四个理论成果基本内容的简单叠加,而是理论观点的有机整合。

研究中国特色社会主义理论体系,要树立整体意识和坚持总体性

① 习近平:《在哲学社会科学工作座谈会上的讲话》,《人民日报》2016 年 5 月 19 日,第 2 版。

② 《建党以来重要文献选编 (1921~1949)》第 15 册,中央文献出版社,2011,第 651 页。

方法。中国特色社会主义理论体系是一个整体，它由邓小平理论、"三个代表"重要思想、科学发展观、习近平新时代中国特色社会主义思想这样前后相继、互通融合又各自独立的科学体系组成，但正如有的学者所指出，目前我们只是在结构上认识到它是四个具体理论形态的统一，而对这种统一的具体状况并不清楚。我们可能对这一体系的现有四个具体理论形态分别有较为深刻的认识，但这不能代替对该体系的整体的认识。

深入认识这一理论体系，不仅要研究组成其中每一个科学体系的理论成果，还要具有整体意识，即我们对于邓小平理论、"三个代表"重要思想、科学发展观的研究还要在中国特色社会主义理论体系的指导下进行，其方法论意义在于要坚持总体性方法，即由认识拘泥于单个事实的实证方法上升为从整体出发的总体性方法。对于中国特色社会主义理论体系的整体理解，至少应包括这样几个层次。

第一，整体理解中国特色社会主义理论体系的形成过程。第二，整体理解中国特色社会主义理论体系各个组成部分之间的内在联系。第三，整体理解中国特色社会主义理论体系创新性和实践性的统一关系。第四，整体理解中国特色社会主义理论体系的概念、范畴、原理之间的体系与逻辑结构。当下，要加强对中国特色社会主义理论体系的整体性研究，并不是要否定和排斥对构成中国特色社会主义理论体系各具体理论形态的研究。

加强对中国特色社会主义理论体系整体性的研究，把握中国特色社会主义理论体系各具体理论形态，大力发展中国特色社会主义理论体系和当代中国马克思主义，需要在构成它的各个具体理论形态的整体意义上揭示中国特色社会主义理论体系、当代中国马克思主义的逻辑体系，发掘和揭示在各具体理论形态的概念、范畴、观点、理论及其关系之上并起统摄作用的一般概念、范畴、观点、理论及其关系。

研究清楚以人民为中心的 21 世纪马克思主义，特别要加强对党的十八大以来以习近平同志为核心的党中央治国理政新理念、新思想、

新战略的重点研究。一方面，这一正在形成中的、切近当代中国国情
和发展要求的新的理论成果，需要不断推进、继续发展以至完善；另
一方面，习近平新时代中国特色社会主义思想是马克思主义中国化的
最新理论成果，是21世纪的马克思主义，不仅体现了中国特色社会主
义理论体系发展的趋势、方向，还具有开辟21世纪马克思主义研究新
境界的意义。

科学认识世界和改造世界

如果完全自然主义地把"意识"、"思维"当做某种现成的东西，当做一开始就和存在、自然界相对立的东西，那么结果总是如此。如果这样，那么意识和自然，思维和存在，思维规律和自然规律如此密切地相适应，就非常奇怪了。可是，如果进一步问：究竟什么是思维和意识，它们是从哪里来的，那么就会发现，它们都是人脑的产物，而人本身是自然界的产物，是在自己所处的环境中并且和这个环境一起发展起来的；这里不言而喻，归根到底也是自然界产物的人脑的产物，并不同自然界的其他联系相矛盾，而是相适应的。①

第一节　正确掌握辩证唯物主义和历史唯物主义的
科学世界观和方法论

马克思主义的辩证唯物主义和历史唯物主义是无产阶级政党领导人民群众正确认识世界、改造世界的科学世界观和方法论。其中，辩

---

① 《马克思恩格斯文集》第9卷，人民出版社，2009，第38~39页。

证唯物主义是马克思主义的一种哲学理论，它是把唯物主义和辩证法有机地统一起来的科学世界观，由辩证的唯物论、唯物的辩证法、辩证唯物主义认识论三部分组成。辩证唯物主义是马克思在批判地继承了人类文化的优秀成果，特别是在批判地吸收了黑格尔辩证法的合理内核和费尔巴哈唯物主义的基本内核的基础上创立的。马克思自己坦然承认："辩证法在黑格尔手中神秘化了，但这决没有妨碍他第一个全面地有意识地叙述了辩证法的一般运动形式。在他那里，辩证法是倒立着的。必须把它倒过来，以便发现神秘外壳中的合理内核。"[1] 辩证唯物主义的诞生是哲学史上的伟大变革，它克服了一切旧唯物主义的不彻底性，真正实现了唯物主义与辩证法的有机统一。历史唯物主义，亦称唯物史观，是马克思的两大理论发现之一，是马克思主义中关于人类社会发展一般规律的理论，是马克思主义哲学的重要组成部分。恩格斯说："正像达尔文发现有机界的发展规律一样，马克思发现了人类历史的发展规律……不仅如此。马克思还发现了现代资本主义生产方式和它所产生的资产阶级社会的特殊的运动规律。"[2] 辩证唯物主义与历史唯物主义的学习和把握有助于新时代大学生正确的世界观、人生观、价值观的培育和形成，是当代大学生在新时代中国式现代化建设新征程上不断培养和形成正确的历史责任感和社会责任感，进而坚定共产主义远大理想和中国特色社会主义共同理想的基本要求。

一　哲学的基本问题

"人的正确思想是从哪里来的？是从天上掉下来的吗？不是。是自己头脑里固有的吗？不是。人的正确思想，只能从社会实践中来，只能从社会的生产斗争、阶级斗争和科学实验这三项实践中来。"[3] 按

---

[1] 《马克思恩格斯文集》第 5 卷，人民出版社，2009，第 22 页。
[2] 《马克思恩格斯文集》第 3 卷，人民出版社，2009，第 601 页。
[3] 《毛泽东文集》第 8 卷，人民出版社，1999，第 320 页。

照恩格斯对唯物主义概念的界定，马克思主义的现代唯物主义哲学是坚持意识是物质的客观反映的哲学形态，坚持认为人类一切生产活动和生活活动的正确进行都建立在正确反映周围事物、正确认识和改造主客观世界的基础之上。"辩证唯物主义认为，凡真理都是客观的，都是客观真理。……真理就其形式来说是主观的，是主观对客观的正确反映，不是客观事物本身；但就其内容来说则是客观的，它所反映的是不依任何人主观意志为转移的客观事物和客观规律。"[①] 辩证唯物主义的这种"相符合"，就深刻地揭示了哲学的基本问题是思维和存在的关系问题。可以说，这是人类认识和改造世界的过程中面临的首要问题，是任何哲学流派和任何哲学家都无法绕开的"根本问题"。恩格斯强调，"全部哲学，特别是近代哲学的重大的基本问题，是思维和存在的关系问题"，而这个问题"只是在欧洲人从基督教中世纪的长期冬眠中觉醒以后，才被十分清楚地提了出来，才获得了它的完全的意义"。[②] 也就是说，思维和存在的关系问题作为哲学基本问题，不是一个纯粹的理论问题，而是一个深刻的实践问题，体现为人的主观与客观、物质与精神、唯心和唯物、理论和实践之间的矛盾斗争关系。换言之，只要是产生于实践并对实践具有重大影响的哲学流派，都总或多或少深刻地反思了"思维"或"存在"本身，或者两者的关系，并由此展开了对哲学体系的建构、对现实社会的认识与改造。虽然马克思批评以往哲学只是认识世界的哲学，但这并不是说以往哲学完全忘了去改造世界，而是强调以往哲学的理论焦点是认识世界，或者说没有从根本上超出抽象认识世界的层次，尽管它们也会声称要改造世界。进一步讲，以往哲学之所以依然属于认识世界的哲学，就在于这些哲学根本就没有找到真正改造世界的实践路径和历史主体。

　　哲学基本问题在内容上包括两个方面。第一个方面是物质和精神

---

① 张青松：《认识规律背后的规律："元学"理论研究与建构》，人民出版社，2016，第265页。

② 《马克思恩格斯文集》第4卷，人民出版社，2009，第277页、第278页。

何者为第一性、何者为第二性的问题，也就是意识和物质、精神和自然界谁是世界本原的问题。对于这个问题的不同回答形成了哲学上唯物主义和唯心主义两大阵营、两个基本派别、两条基本路线之间的对立。凡断定存在、物质是第一性的，是世界的本原的，就属于唯物主义阵营；凡认为思维、精神、意识是第一性的，是世界的本原的，就属于唯心主义阵营。第二个方面是我们关于我们周围世界的思想与这个世界本身的关系是怎样的、我们的思维能不能认识现实世界、我们能不能在我们关于现实世界的表象和概念中正确地反映现实的问题，用哲学的语言来说，这个问题就是思维和存在是否存在统一性的问题。对于这个问题的不同回答，是把一切哲学区分为可知论和不可知论的根据。绝大多数哲学家，包括唯物主义者和彻底的唯心主义者都对这个问题作了肯定的回答，但还有其他一些哲学家否认认识世界的可能性，或者至少是否认彻底认识世界的可能性，这些观点归根结底也属于唯心主义不可知论。哲学基本问题的两个方面是相互联系、不可分割的。从理论上看，虽然哲学基本问题的两个方面在历史长河中可以发生研究重点的转移，但它们之间相互联系、相互渗透、相互影响的总关系则是一贯的。

唯物主义和唯心主义同时诞生于人类认识和改造世界的早期，是对"世界是什么"和"世界是否可以认识"这两个基本问题的不同回答，在某种程度上表现出"一体两面"特征。唯物主义和唯心主义完全不同的认识方法和结果，极大地推动了人类认识和改造世界能力的提升，也是认识世界的复杂性和改造世界的长期性特征的表现。唯物主义和唯心主义两大哲学阵营的对立是在哲学的发展历史中长期存在的，它们也各自拥有不同的发展阶段和表现形态。唯心主义有主观唯心主义和客观唯心主义两种表现形态。唯物主义经历了古代朴素唯物主义、近代机械唯物主义即形而上学唯物主义和辩证唯物主义三个历史阶段。任何的哲学、哲学家、哲学派别无不分别隶属唯心主义或者唯物主义两个对立的基本派别或者阵营，这就需要我们在学习哲学中坚持哲学的党性原则，这也是我们对哲学基本问题和哲学本身的研究的根本前提和原则。

二　马克思主义哲学革命是对意识的内在性问题的根本性解决

在马克思主义哲学革命之前，以黑格尔为代表的唯心主义哲学和以费尔巴哈为代表的旧唯物主义哲学都被马克思称为旧哲学，这两者的共同点是什么？尽管费尔巴哈宣称批判了以黑格尔为代表的西方形而上的哲学传统，却落入了直观唯物主义的窠臼，其原因是什么？对此，我们不能局限于从唯物主义和唯心主义划分的视角来批判旧哲学。这就需要从马克思所提出的"社会关系总和概念""社会实践概念""阶级的劳动概念"出发，分析马克思主义哲学如何彻底解决意识的内在性问题，进而借助费尔巴哈旧唯物主义哲学这一跳板完成了自己的哲学革命。

（一）意识的内在性问题

意识的内在性体现为，意识或思维假设了事物的本质是事物内在固有的，也就是意识内在假设了事物的本质。或者说，意识内在赋予了事物或世界以本质。这是马克思之前传统哲学的通病。在古希腊的旧唯物主义哲学那里，喜欢从纷繁复杂变化的物质世界中挑出某种物质形式如火、水、风、气等，代表整个世界的本质。在这里，哲学家是把世界的某种特征理解为世界的本质。实际上，本质不是事物本身固有的，而是事物与事物之间的相互联系、相互区别，是事物在整个世界关系之网中所占的位置。

事物的本质是事物的相互关系的总和，人的本质是人的社会关系的总和。如果固执地认为本质就是一个事物内在固有的，那就会陷入一种极端，从而把这个世界分为生灭不定的现象世界和永恒不变的本质世界。在柏拉图那里，世界被划分为理念世界和现象世界。作为近代哲学开端的笛卡尔"我思故我在"命题，虽然确立了主体性原则，但把"我思"或意识视为"我在"或物质世界的原因，存在严重的意识的内在性问题。对于康德而言，世界也被一分为二，一个是"物自体"，一个是经验世界。在黑格尔哲学中，整个世界的变化始于"绝对观念"的不断外化或异化。到了费尔巴哈那里，他依然不能理解事物的本质其实就是事物的关系。例如，在对宗教神学的批判上，费尔巴哈认为，宗教是人的本质对象化的产物，在宗教中人将自己最好的本质转移到自身之外并作为"另外的本质"即上帝。在这里，根本就不存在人把自己最好的本质赋予上帝的问题。在现实中，人崇拜上帝，是因为人的处境需要崇拜。人恐惧、怀疑、作恶、渺小、无助，人才塑造一个上帝；并不是因为，人原来不恐惧、不怀疑、不作恶、不渺小、不无助，崇拜了上帝后，人就开始恐惧、怀疑、作恶、渺小、无助。那么，人的最好的东西或人的本质在哪里呢？相反，它就在人的不断创造，以及人征服自然和社会的活动关系中。我们应该在世界关系中去寻找事物的本质，费尔巴哈却"对对象、现实、感性，只是从客体的或者直观的形式去理解，而不是把它们当做感性的人的活动，当做实践去理解，不是从主体方面去理解"[1]，也就把本质理解为人或事物本身固有的存在。

意识的内在性问题，源于意识的内在性假设，即"哲学的原则是从自身出发的思维，是内在性"[2]。从思维自身出发，其实也就是从事物本身出发来理解事物，而不是从外在世界不断的运动变化来理解事物的本质，进而从整个世界的运动变化或人的实践活动中来建构新哲学。"西方近代哲学的基本建制是意识内在性，即表现为从意识自身先验地展开和设定对象世界的原则，但归根到底其所设定的不是事物本身，而是关于事物的思维形式。"[3] 意识的内在性问题不是独属于西

---

① 《马克思恩格斯文集》第 1 卷，人民出版社，2009，第 499 页。
② 〔德〕黑格尔：《哲学史讲演录》第 4 卷，贺麟、王太庆译，商务印书馆，1978，第 59 页。
③ 陈永杰：《"感性直观"走出了意识的内在性吗？——马克思对费尔巴哈的批判性翻转》，《福建论坛》（人文社会科学版）2020 年第 2 期。

方近代哲学的基本建制，而是整个旧哲学的基本问题。这也正是费尔巴哈即使坚持了"感性直观"的哲学原则，依然对于意识的内在性问题无能为力的原因所在。从本质上讲，旧哲学的意识的内在性问题其实是其"感性直观"性问题。

费尔巴哈之所以最后会从人类本质出发开展对黑格尔哲学的道德化批判，就在于他简单地把感性对象性和意识内在性对立起来，也就是把直观与思维对立起来了，而无法扬弃和批判改造意识的内在性问题。例如，他认为"实践的直观，是不洁的、为利己主义所玷污的直观……理论的直观却是充满喜悦的、在自身之中得到满足的、福乐的直观"[①]。这与他把理论的活动看作人的真正活动，从"卑污的犹太人的表现形式"去理解实践的缺陷是一致的。费尔巴哈解决意识内在性问题的过程是从过度区分直观和思维开始的，最后必然以理论和实践、哲学和生活的对立而结束。费尔巴哈也就不可能把人的"对象、现实、感性"理解为人的对象性活动或实践活动。费尔巴哈很清楚，如果是那样来理解的话，"对象、现实、感性"中一定要包含意识能动性。费尔巴哈是把意识能动性与意识内在性混为一谈，因而就不能从哲学中彻底地根除"我思"或"自我意识"，从而也就不可能终结黑格尔所完成的近代形而上学体系。

马克思主义哲学的革命性在于用实践能动性代替了意识能动性，或者说通过建立在物质和意识、思维和存在、主观和客观辩证统一关系基础之上的意识能动性，达到了消解意识内在性的目的。相比较而言，马克思是在无产阶级实践的基础上去批判意识内在性，连同它所产生的狭隘的市民社会的实践基础的。正是通过这种正确的理解，马克思彻底解决了意识内在性问题，进而超越了脱离现实解放的近代形而上的哲学。

---

① 《费尔巴哈哲学著作选集》下卷，荣震华等译，商务印书馆，1984，第235~236页。

（二）马克思主义哲学的阶级劳动概念

在同一个实践生活面前，有些哲学家能够坚持主观和客观、思维和存在、精神和物质的辩证统一关系，而有些哲学家则陷入了割裂这种统一关系的唯心主义。所以，坚持实践概念，只是坚持辩证唯物主义和历史唯物主义的一个大前提。要想真正贯彻唯物主义原则，不是说强调了实践就行了，还要看坚持的是哪个阶级的实践。坚持落后阶级的实践，最后还是会割裂主观和客观、思维和存在、物质和意识活生生的辩证关系，以对立的眼光来看待这个世界及人与人、人与自然的关系。马克思则是从无产阶级的劳动概念来理解现实的实践关系的。"在劳动中，个人活动的全部自然的、精神的和社会的差别会表现出来……，而死的资本……对现实的个人活动漠不关心。"① 黑格尔不得不正视德国古典哲学中的二元论，敏锐地抓住了现实中主体与客体、精神与自然的对立问题，从而建构起绝对观念辩证发展的一元论客观唯心主义哲学。因为黑格尔是站在资产阶级的视角，也就不可能真正理解思维和存在真实的"源"与"流"关系，因而思维和存在还是对立的，并没有真正克服二元论。

通过批判黑格尔哲学，马克思围绕着劳动概念建立起了一元论的辩证唯物主义和历史唯物主义哲学。就像黑格尔哲学所代表的阶级一样，黑格尔是不可能赋予工人阶级的劳动以重要意义的，也根本没有挖掘劳动中所包含的复杂矛盾关系特别是阶级与阶级之间的矛盾关系，他只是在一般的实践意义上来理解劳动概念，即自我意识外化为自然界与人类社会。

马克思基于辩证唯物主义和历史唯物主义路径，强调劳动里面包含了不同阶级主体认识世界和改造世界的实践关系和实践规律，是"人以自身的活动来中介、调整和控制人和自然之间的物质变换的过

---

① 《马克思恩格斯文集》第 1 卷，人民出版社，2009，第 119 页。

程"①。在马克思主义哲学中，劳动不但创造了人本身，而且创造了人与人的一切社会矛盾关系。马克思说："人的本质不是单个人所固有的抽象物，在其现实性上，它是一切社会关系的总和。"② 劳动是人本质的发生源泉，有什么样的劳动关系就决定了人有什么样的社会本质。通过对英国古典政治经济学、英法空想社会主义、德国古典哲学的批判和超越，马克思形成了具有两重含义的劳动概念。其一，是经济发展意义上的劳动；其二，是人的自由自觉活动意义上的劳动。其中，前者体现了以阶级为主体的人类历史活动有自身的客观规律性，后者体现了人类历史正是有着自己活动目的的人或阶级相互作用的结果。

　　在马克思主义哲学语境中，阶级劳动是人类最基本、最普遍的实践活动形式。劳动必然包括对象化，也必然包括异化。在黑格尔那里，劳动异化和外化是一个意思。要不是他不理解阶级的劳动，就是他在有意回避阶级劳动。在整个《1844年经济学哲学手稿》中，马克思都是从阶级劳动的大前提出发谈劳动的。他指出："劳动的产品是固定在某个对象中的、物化的劳动，这就是劳动的对象化。"③ 随后马克思重点分析了劳动异化，而劳动异化的四重含义体现了马克思所阐释的阶级劳动概念。马克思不但从劳动对象化，而且从劳动异化，即整个的劳动现实化问题出发，对黑格尔绝对精神哲学或意识内在性哲学展开了批判。人的劳动既然存在对象化和异化的情况，那就意味着劳动的对象是人无法通过意识自身或绝对精神去内在设定的。相反，劳动的对象正是劳动的外在前提，或者说，在异化劳动中还存在对劳动者强迫的情况，工人为了生存或劳动，就不得不接受这个前提，"没有自然界，没有感性的外部世界，工人什么也不能创造"④。正是在这种意义上，马克思批判指出："非对象性的存在物是非存在物

①　《马克思恩格斯文集》第5卷，人民出版社，2009，第207~208页。
②　《马克思恩格斯文集》第1卷，人民出版社，2009，第501页。
③　《马克思恩格斯文集》第1卷，人民出版社，2009，第156~157页。
④　《马克思恩格斯文集》第1卷，人民出版社，2009，第158页。

（Unwesen）。"① "非存在物" 体现了马克思对黑格尔哲学和现实的阶级劳动状况的批判。一方面，他批判了黑格尔哲学的非现实性和抽象思辨性；另一方面，他则批判了现实的阶级劳动对工人而言，具有不合理性和非人道性。与以往哲学家不同的是，马克思主张从劳动过程和阶级劳动本身来理解周围的存在物乃至整个自然界。马克思写道："整个所谓世界历史不外是人通过人的劳动而诞生的过程，是自然界对人来说的生成过程。"② 劳动阶级创造了这个世界，却处于异化劳动的奴役阶段，因而这个世界既是现实的，又是不合理的。阶级劳动概念是马克思哲学的核心概念，体现了劳动主体与劳动对象、人与自然界、社会生活与自然科学之间的辩证发展关系，是真正基于人的现实解放本身而提出来的。

（三）马克思主义哲学的科学性与革命性

马克思主义哲学之所以是内在批判与超越的哲学，就在于马克思主义哲学科学地解决了实践能动性问题，从而才可能具有彻底的科学性和革命性。众所周知，马克思第一次把实践引入哲学，批判超越了旧哲学，引发了一场"哥白尼式"的哲学革命。在马克思的哲学中，劳动与实践是不同的概念。应该说，劳动概念比实践概念更现实和更细致。马克思实践概念的形成基于西方深厚的实践哲学传统。它除了受到西方实践哲学传统，特别是黑格尔劳动辩证法思想的影响，还是对英国古典政治经济学展开历史唯物主义批判的结果。在费尔巴哈那里，实践被理解为"卑污的犹太人的表现形式"，看不到实践的革命批判性。马克思的实践概念之所以会超越黑格尔和费尔巴哈的实践概念，根本原因就是马克思的劳动概念有着科学的阶级分析，是建立在人的现实生活和现实发展基础之上的。

在马克思主义哲学中，基于阶级分析框架，劳动被理解为人与自

---

① 《马克思恩格斯文集》第 1 卷，人民出版社，2009，第 210 页。
② 《马克思恩格斯文集》第 1 卷，人民出版社，2009，第 196 页。

然的物质与能量的交换过程，因而也是人有意识的自由自觉的活动，这体现了人和动物的根本区别。马克思和恩格斯指出："一当人开始生产自己的生活资料，即迈出由他们的肉体组织所决定的这一步的时候，人本身就开始把自己和动物区别开来。"① 当然，马克思并不排斥从特征上"根据意识、宗教或随便别的什么来区别人和动物"②，只不过这些东西背后的本质是人的劳动及其所构成的现实生活过程。可见，相对于思想观念、法律道德、习俗宗教等精神性、规范性的东西而言，劳动才具有从根本上影响和说明它们何以如此的本质规定性。

劳动作为人类最为基本的实践活动，包含着自然和精神的双重结构。以往的哲学之所以无法从根本上解决劳动能动性问题，并进而导致了意识的内在性问题，根本在于未能从阶级分析角度来理解这种双重结构；以往的哲学不是重视精神就是强调物质，而不能正确地分析在阶级社会中自然和精神的矛盾关系。由于没有正确的阶级分析，传统哲学无法理解劳动是内在尺度和外在尺度、精神和物质相联结的桥梁，无法理解劳动的自由自觉活动性必然要以认识和改造自然界的客观物质活动为基础，无法理解其能动性是通过外在的活动不断地展现出来的。

马克思主义哲学非常重视人类自由精神的觉醒，这一点比起传统哲学来说毫不逊色。这在马克思对劳动能动性问题的解决过程中体现得尤其明显。自笛卡尔以来，西方近代哲学就陷入了主客的二元对立。

哲学家们坚持一种把人的自由理解为可以无限支配外部自然的理论预设。其中，黑格尔就预设了主体和客体、精神和物质的绝对同一。马克思主义哲学则把人类自由精神理解为人对自然或物质世界的认识与改造的结果，把人的世界理解为人类劳动的历史展开。马克思主义哲学所理解的劳动能动性，就是指劳动和自然共同构成人类世界的基

---

① 《马克思恩格斯文集》第 1 卷，人民出版社，2009，第 519 页。
② 《马克思恩格斯文集》第 1 卷，人民出版社，2009，第 519 页。

础，劳动创造了人本身，人所生活的自然界由此打上了人类活动的烙印。这样，人的自由就体现为生产力的高度发达，人的超越就体现为人对自然的认识和改造。因此，劳动能动性绝不是指人可以超然于世界之外，也不是指精神统治着物质，而是体现为主体和客体、人和自然界、精神和物质在劳动实践过程中不断达到更高的统一。彻底解决意识的内在性问题，是马克思主义哲学的重要标志，是马克思主义对人类哲学发展的重大贡献。

三 物质世界的现代唯物主义哲学理解

（一）物质的定义

马克思主义哲学的科学性与革命性，既体现为为了人类社会以及人与自然关系的科学而革命，也体现为为了物质本身的科学而革命；既克服了以往一切旧唯物主义物质观的局限性，也彻底批判了唯心主义哲学对"物质""自然界"的错误理解。作为现代唯物主义哲学，马克思主义哲学充分汲取了自然科学领域一系列划时代的重大成果，逐步形成了辩证唯物主义与历史唯物主义的科学物质观。早在19世纪80年代，恩格斯就对物质观作出了唯物辩证的说明。他强调，"物、物质无非是各种物的总和，而这个概念就是从这一总和中抽象出来的"①。这就是说，马克思主义哲学所理解的"物质"并不是指某种物质形态，而是各种存在形式物质的"客观实在性"的哲学概括，体现为各种实际存在的事物和现象所普遍具有的共性，即从各种事物和现象的总和中抽象出来的具有最大共性的哲学范畴。"世界的真正的统一性在于它的物质性，而这种物质性不是由魔术师的三两句话所证明的，而是由哲学和自然科学的长期的和持续的发展所证明的。"② 19世纪末20世纪初，物理学发现了原子中有电子等更小的微粒、电子的质

---

① 《马克思恩格斯文集》第9卷，人民出版社，2009，第500页。
② 《马克思恩格斯文集》第9卷，人民出版社，2009，第47页。

量随速度的变化而变化、某些元素会转化为另一种元素等新事实，从而推翻了原子不变性、不可分性和质量不变等观点。列宁根据当时自然科学的材料，运用科学思维的方法，对物质作出了科学的哲学概括。他指出："物质是标志客观实在的哲学范畴，这种客观实在是人通过感觉感知的，它不依赖于我们的感觉而存在，为我们的感觉所复写、摄影、反映。"[①] 在这里，列宁从人类在实践和认识中所遇到的最普遍、最基本的矛盾——物质和意识的相互关系出发来把握物质的现代唯物主义哲学定义，体现了唯物论和辩证法、反映论和实践论、客观实在性和主观能动性、辩证唯物主义和历史唯物主义的高度统一，是对自然界、社会和人类思维普遍规律的哲学概括。人不能创造物质，而只能改变物质的存在形式；客观实在性是对主观世界和客观世界一切客观规律的总体概括，其中，人的主观世界，虽然具有主观性特点，但依然需要人类去主动发现和运用其中的不以我们意志为转移的客观规律；自然、社会和人类思维的客观实在性规律，不是简单靠天才式人物就能发现和正确运用的，而是需要人与人之间通过一定的社会关系而形成的"我们"才能得以发现和正确运用的。

（二）物质概念在整个马克思主义理论体系中的根本性意义

首先，马克思主义哲学的物质概念体现了唯物论与辩证法的统一。作为现代唯物主义哲学，马克思主义哲学中，"物质"是指为人们的意识所反映的一切现象、事物、过程，是对物质世界多样性所作的最高的哲学概括。客观实在性作为一切物质的共性，既把哲学物质范畴同自然科学物质结构理论联系了起来，又把它们区别了开来，从而克服了形而上学唯心主义的缺陷。物质的具体形态和不同结构是物质的个性，它是可变的、相对的；一切具体形态和不同结构的物质又都是离开人的意识而独立存在的客观实在，这是物质的共性，它是不变的、绝对的。从个性中看出共性，坚持普遍性和特殊性的统一，这就是马

---

① 列宁：《唯物主义和经验批判主义》，人民出版社，1998，第130页。

克思主义哲学的物质概念所体现的唯物辩证法。

其次，马克思主义哲学的物质概念体现了本体论与认识论的统一，坚持了唯物主义可知论的正确立场。物质概念是一个本体论的范畴，揭示了世界的本源，现代唯物主义哲学依然是以物质本体论为前提或基础的。马克思主义哲学把人类实践理解为一种客观实在并包括到对物质概念的理解之中，为克服不可知论倾向提供了理论前提。由于实践既是人的有意识的活动，又是一种客观实在，它成为了人的思维的客观真理性的证明。这样，以具有客观实在性和主观能动性的实践为基础，马克思主义哲学就把反映论发展到能动的反映论的水平。

最后，马克思主义哲学的物质概念体现了自然观与历史观的统一，是构成彻底的唯物主义的出发点。马克思主义以前的唯物主义只是在自然观上才是唯物主义的，而在历史观上仍然陷入唯心主义，表现为自然观和历史观的相互分离甚至相互对立。旧唯物主义承认"物质的自然"，在对自然事物的说明中坚持了客观实在性原则，即把自然事物理解为独立于人的精神的存在。与此同时，旧唯物主义却不理解人的实践活动本身是一种客观实在，结果就把历史过程理解为人的主观性的历史。这就导致了"物质的自然"和"精神的历史"对立的神话，而使其本身也成了"半截子"的唯物主义。在这里，是否把人类实践理解为一种客观活动、客观实在，是全部哲学的关键。马克思主义哲学正是揭示了人类实践的客观实在性，并把它包括到对物质概念的理解之中，从而把客观实在性原则贯彻到了历史领域，确立了统一地说明自然、社会和人类思维的客观发展过程的唯物主义原则，实现了唯物主义自然观和唯物主义历史观的统一，使唯物主义成为彻底的、完备的现代唯物主义哲学。

（三）如何正确理解"物质世界统一性"？

世界是物质的，物质是世界的本原和基础，物质世界是统一的，这就是辩证唯物主义世界观最基本的原理。物质世界统一性是指：所有在时间空间的范围内，按照自己本来所特有的规律运动、变化、发展着的物质之和。这就在内涵和外延、性质和特征、根本属性和存在方式上对物质世界做了高度的概括和总结。大到宇宙天体、小到构成事物的基本粒子、内到思维运动过程、外到社会历史文明文化的发展，无所不包，概莫能外，都具备客观实在性的特征，具有不断运动的根本属性，时间和空间是其根本存在形式，所有的物质都有一个由低级到高级、由简单到复杂的运动过程，物质的运动规律是可以被人认识的。"新的自然观就其基本点来说已经完备：一切僵硬的东西溶解了，一切固定的东西消散了，一切被当做永恒存在的特殊的东西变成了转瞬即逝的东西，整个自然界被证明是在永恒的流动和循环中运动着。"[1] 辩证唯物主义就是这种不断强调对客观世界进行理论探索和实践改造的新的自然观。

首先，世界具有统一性。辩证唯物主义和历史唯物主义认为，世界的本原只有一个，而不是多个；世界上的各种事物和现象是有机联系的统一整体，而不是杂乱无章的偶然堆积。在世界统一性问题上，唯物主义和唯心主义都承认世界是统一的，都坚持一元论，当然，对于世界统一的基础究竟是物质还是精神，二者是根本对立的。唯物主义一元论世界观主张世界统一于物质，唯心主义一元论世界观认为世界统一于精神。二元论哲学则否认世界的统一性，把物质和意识绝对对立起来，认为它们是两个并行的实体，是世界的两个各自独立的本原。为了把物质和精神两个独立"本原"结合起来，二元论往往倒向神学。

其次，世界具有物质性。辩证唯物主义和历史唯物主义认为，世界是物质的世界，一切事物和现象都具有客观实在性的特点。也就是说，物质具体形态的产生、存在和发展，都离不开从物质本身出发来解释，都不能脱开物质本身或寻找在物质之外的其他东西和原因来进行说明。世界上的一切事物连同人自身，都是物质世界长期发展的结

---

[1] 《马克思恩格斯文集》第9卷，人民出版社，2009，第418页。

果。长期以来，唯心主义、宗教神学总是宣称有两个完全对立的世界，认为除了人所居住的"地上"世界之外，还有一个由"上帝""神"所统治的非物质的"天上"世界。16 世纪哥白尼创立了"日心说"，证明地球是围绕太阳运行的行星。牛顿的经典力学更有力地论证了太阳系是一个统一的物质整体，并不存在什么"上帝"的世界。自 20 世纪 50 年代以来，人类通过发射人造卫星和宇宙飞船，对太阳系各大行星和目标进行了观察分析，发现许多天体同地球一样，也是由基本相同的化学元素所构成。宇宙天体中的原子、分子的运动遵循着与地球上相同的规律。人类目前观测到的宇宙范围达千亿光年，凡观察所及都是统一的物质世界，那种非物质的虚无缥缈的神秘世界是根本不存在的。现代生命科学也证明了生命是一种复杂的物质现象，它的出现是自然界物理、化学演化的结果。现代自然科学模拟原始地球条件，人工合成氨基酸，这在 20 世纪 50 年代已获得成功。1965 年我国第一次合成由 51 个氨基酸组成的牛胰岛素。这充分证明，人类所处的世界具有客观实在性，其规律具有可知性，人类可以运用客观世界中的规律来认识和改造世界。不可否认，人类社会是更为复杂的物质运动形态，是自然界长期发展的产物。同样，人类社会发展规律同自然界的客观规律一样都是不以人的意志为转移的。总之，万物统一于物质，世界上除了运动着的物质，再也没有别的东西存在。

最后，物质世界是多样性的统一。辩证唯物主义和历史唯物主义所主张的物质世界的统一，不是机械的、抽象的统一，而是具有多样性、丰富性、差异性的统一。从宏观世界到微观世界，从无机界到有机界，从自然界到人类社会，从天然的物质形态到包含着人类智慧的"人化自然"，物质世界异彩纷呈，形态万千。虽然它们在性质和形态上具有无限的丰富多样性，但在本质上却都是相同的、一致的，它们都统一于物质性、客观性、规律性。离开了物质的统一性谈物质的多样性，必然要背离唯物主义；而如果离开物质的多样性谈物质的统一性，就必然会造成形而上学。只有坚持世界既具有统一性，又是无限多样的，才是对世界本来面目的客观反映。

世界的物质统一性原理是马克思主义哲学理论体系的基石，是我们从事实践活动的科学世界观和方法论，是党的思想路线的理论基础。马克思主义理论体系的一系列原理，都是以世界的物质统一性原理为理论根据的。掌握这一原理是学习和掌握马克思主义理论的基础性环节；是识别和反对形形色色的旧唯物主义和形而上学的理论前提；是坚持我们党一切从实际出发，解放思想，实事求是的思想路线的核心；是丰富和发展毛泽东思想、邓小平理论、"三个代表"重要思想、科学发展观，以及习近平新时代中国特色社会主义思想的世界观和方法论的前提；是建设和发展中国特色社会主义的理论指导和实践指南。

第二节　深刻认识和准确把握实践是物质和意识的桥梁纽带

物质和意识的关系问题，包含了一系列的问题。怎样把主体和客体连接起来？怎样把内在世界和外部世界连接起来？怎样把主观世界和客观世界连接起来？怎样才能正确认识和改造主观世界与客观世界？人的意识是如何深化发展的？人的认识目的是什么？人的认识发展的动力是什么？人的认识结果如何检验？回答上面这一系列问题的答案只有一个，那就是实践。马克思主义理论认为，全部社会生活的本质是实践的，人类遇到的所有问题，都能在实践以及对实践的理解中得到最终解决。我们要深刻认识和准确把握实践在物质和意识关系中的桥梁和纽带作用，坚持实践的唯物主义，才能真正坚持彻底的唯物主义。

一　实践性是马克思主义的基本特征

实践性是马克思主义首要的和基本的观点，同样也是马克思主义最为重要的基本特征，贯穿着马克思主义哲学、政治经济学和科学社会主义的各个领域。实践原则是马克思主义的建构原则。马克思主义的实践范畴认为，实践首先是人以自身的活动来引起、调整和控制人与自然之间、人与人之间、社会和自然之间物质变换的过程。"马克思以前的唯物论，离开人的社会性，离开人的历史发展，去观察认识问题，因此不能了解认识对社会实践的依赖关系，即认识对生产和阶级斗争的依赖关系。"① 而人的一切实践活动都是人类为了满足生活的、社会的、精神的诸多对象性需求而进行的有目的有计划的各种改造和创新活动。尤其是针对社会领域内的实践而言，在马克思和恩格斯看来，社会生活在本质上是实践的，因此，必须"始终站在现实历史的基础上，不是从观念出发来解释实践，而是从物质实践出发来解释各种观念形态"②。实践是一种感性的、现实的人类活动，是人与外部世界进行物质、能量和信息交换的最基本方式。实践又是有意识、有目的地进行的，是人的理智、情感、意志等内在本质力量的对象性表现，也是人的自觉自由自为的精神运动的最现实表现。实践是借助一定的工具而展开的中介性活动，集中体现着人类理性的机巧，实现着由客体的自发运动形式向人的自觉活动形式的转换，也实现着人的内在尺度和事物的外在尺度的统一。同时，实践又是一种革命批判的活动，是人批判地处理自己同外部世界的关系、参与自然界的辩证运动的过程。"而且对实践的唯物主义者即共产主义者来说，全部问题都在于使现存世界革命化，实际地反对并改变现存的事物。"③ 在实践过程中，人能动地创造自己的社会存在和社会生活，它是建构自己所追求的理想世界的最根本的、最现实的途径，因而是人的创造性本质的具体表现形式、实现形式和确证形式。总之，实践是世界物质运动的最高形式和自觉形式，是同自然物质运动过程既相联系又有着本质区别的自觉的辩证的社会历史过程。

---

① 《毛泽东选集》第 1 卷，人民出版社，1991，第 282 页。
② 《马克思恩格斯文集》第 1 卷，人民出版社，2009，第 544 页。
③ 《马克思恩格斯文集》第 1 卷，人民出版社，2009，第 527 页。

（一）实践是人的存在方式

人类的第一个历史活动，即每日每时必须进行的基本活动，就是"生产物质生活本身"①。正是这种实践活动不断地创造着人类生存和发展的根本条件。实践因此成为人类生存的首要前提。

首先，实践是人的活动。作为实践主体的人并非纯粹生物学意义上的人，而是社会的人。马克思主义认为，人的本质在其现实性上是一切社会关系的总和。人的意识是在社会实践中产生的，人所具有的一切技能、经验等都是在社会实践中形成的。因此，社会性是实践主体的根本属性。其次，实践是人改造物质世界的活动。人类的生存和发展一刻也不能离开自然界，但自然界的天然状态并不完全适合于人，人必须通过对自然物进行加工、改造才能获得自己的物质生活资料，创造必要的生活条件。人对自然的改造是以社会的形式进行的，社会状况又直接制约着人的行为、影响着人对自然的改造。因此，人要想有效地改造自然就必须和社会作斗争，改造社会关系。再次，实践对物质世界的改造是对象化的活动。实践是以人为主体，以客观事物为对象的现实活动，实践把人的目的、理想、知识、能力等本质力量对象化为客观实在，创造出一个属于人的对象世界，不断满足人的生存、发展的需要。最后，实践集中表现为人的存在方式。人不仅在实践活动中把自己从自然界中提升出来，使自然界成为自己的对象，而且在改造自然的过程中，人发展着多方面的需要，也就有了丰富多彩的活动。离开了实践，人就无法满足自己多方面的需要，也就谈不上生存与发展，甚至不能形成人本身。因此，实践成为人的存在方式。我们对人的各种活动，包括对人本身的理解都不能离开实践。

（二）实践体现着自然界与人类社会的关系

自然界与人类社会是两个相对应的概念，是世界存在的两种不同

---

① 《马克思恩格斯文集》第 1 卷，人民出版社，2009，第 531 页。

形态。自然界又称为自在世界。从时间上看，它是指人类世界产生之前的自然界，是人类世界产生之前的先在世界；从空间上看，自在世界又是人类活动尚未深入到的自然界，即尚未被人化的自然界。人类社会又称人类世界，它是在人类实践基础上形成的"人化自然"。所谓人化自然，就是指被人的实践改造过并打上了人的目的和意志烙印的自然。

自然界与人类社会既有区别又有联系，二者的区别表现在：自然界是从来就有的，而人类社会是因人的产生而形成的，并且是随着人的需要的增长和实践活动能力水平的提高而在深度和广度上不断拓展着的。自在世界是独立于人的活动或尚未被纳入到人的活动范围内的自然界。其运动变化完全是无目的的、自发的，而人化自然则是被人的活动所改造过的自然，体现了人的需要、目的、意志和本质力量。自在世界无主体、无意识，因而没有价值取向，不具有"为谁"的特征，而人化自然则是人的实践活动的对象化，具有鲜明的"为人"特性。自然界是自在的，支配它的仅是物的尺度，即它自身的规律，而人类社会则既有内因，也有外因，支配它的是物的尺度和人的尺度的统一。

自然界与人类社会的联系表现在以下两方面。一方面，自然界与人类社会都具有客观实在性。首先，人们不是在自然界之外创造人类社会的，自然界是人类社会产生的前提。离开了自然界，就不会有生命的产生和进化，也就不会有人及人类社会的产生。其次，自然界是人类社会发展的基础。自然界是永恒发展的，正是有了无限的自然界，人类才能通过实践不断地认识和把握自然界的规律，进而使"天然自然"不断向"人化自然"转化，进而实现自然界向人类社会的不断转化，人类社会因之而不断地从时间和空间两方面拓展。最后，自然界固有的状况、本质和规律，是人类社会形成发展的制约因素，制约着人类活动和人类社会发展的规律、程度和性质。另一方面，人类社会形成之后，又反过来不断改变自然界的界限。自然界通过人的实践活动转化为人化自然，人化自然又不可避免地要参与到整个大自然的运动过程中，或者说，仍然要加入由自然规律支配的自在世界的运动过程中。自然界和人类社会是两种性质不同的存在，但这两方面是不可分割的。只要有人存在，自然史和人类史就彼此相互制约。

（三）实践是人与世界相互作用的桥梁和纽带

人与自然的对立统一同人与社会的对立统一本质上是一致的。人与人是通过物（自然界或人类社会实践活动的产品）这个中介建立关系的。一方面，人是世界的一部分，人只有不断地通过对世界进行改造才能获取必需的物质生活资料，从而在世界中生成自己并确证自己的本质。离开了人的实践活动，也就没有了人本身。因此，人与世界是统一的。另一方面，人又与世界相对立。人把世界作为自己的对象加以改造，使"天然自然"变为"人化自然"，人的需要由此而不断得以满足，人类才能得到发展。没有这种对立和改造，人不能从动物中提升自己，仍然从属于自然界，也就没有人的本质的生成，当然也就没有属人的世界。只要人类存在一天，物质生产实践活动就一天也不能停止，人对自在世界的改造也就不会停止。

马克思以前的哲学家们把人与世界看作截然对立的两极。马克思从发展着的人与世界的相互作用入手，认为人与世界相互作用的中介是实践。首先，实践是作为主体的人与作为客体的世界之间的物质、能量、信息的交换过程。在实践中，作为主体的人运用自身的力量，通过工具、手段作用于客体，同时从客体中获取生存和发展所需要的物质资料和信息，构成了现实的人与物的交换。其次，实践是主体改造客体的过程，同时也是自身被改造的过程。动物只是直接利用自然物的原有形式获取生存资料，而作为实践主体的人必须通过改变客体的现成形式或创造对象不能自发生成的新形式来满足自己对物质资料的需求。在实践中，主体使自己的理想、才智、能力等"本质力量"对象化到客体上，不断增强客体的"属人"性，使其真正成为人的世界。同时，主体也以自己的组织形式——社会为对象，把本质力量对象化到社会组织中，调整和改变着社会结构、关系、制度，促使社会向着人的理想方向运动。最后，实践是能动的改造过程。主体是有意识、有目的地改造客体的，但是指导主体去实践的意识、目的并不是主观自生的，而是来自对客体和主体的认知；目的虽然集中反映着主体的需要，但目的的实现却一定要符合客体的规律，即既是合目的的又是合规律的，是合目的性和合规律性的统一。二者统一的基础是实践。因此，实践是人与世界相互作用和相互过渡的唯一中介。

人对物质世界的实践把握和改造只能通过实践来实现，这是探索人与世界关系的关键，具有重要意义。实践使主体与客体的对立统一成为现实，实践使人成为主体，与自然界相对立并去改造它，也使自然界成为客体，与人相对立并作为被改造的对象。二者在实践中相互规定、相互作用，共同发展，构成具体的历史的过程。实践使主观与客观的对立统一成为可能。实践生成了主观意识，也"造就"了客观对象，形成了主观与客观之间反映与被反映的需要与可能。实践不仅造就了人与世界之间的实践关系、认识关系，还建构了人与世界之间的价值关系。因此，实践的观点是马克思主义哲学首要的和基本的观点。

二　实践的基本形式和主要特点

（一）实践的基本形式

实践的内容是丰富多彩的，实践的基本形式更是多种多样的。其基本形式有：物质资料的生产实践、处理社会关系的社会实践、精神生产的实践和科学实验。

物质资料的生产实践是人类解决与自然的矛盾的最基本的实践，是人类历史上最先出现的实践形式，也是人类最基本的实践活动。它是人类有意识、有目的地创造价值的活动，是人类创造满足自身需要的生存条件和生活资料的社会性活动与过程。它的根本特点在于，首先，它是人类为获取生存资料而进行的改造自然、创造具有使用价值的物质产品的活动。物质资料的生产实践是人类社会与自然界分离和联系的基本环节和特有方式。人与自然的矛盾表现为人的物质需要与自然不能以现成形态满足人的需要的矛盾，以及人类不断增长的物质需要与自然无法满足这种需要的矛盾。人只有通过物质资料的生产实践去改造、变革自然物的存在形态，达到对自然物的利用、控制和占有的目的，才能从根本上解决这个矛盾。其次，物质资料的生产实践是在一定意识、目的支配下人与自然之间的物质、能量和信息的变换活动。最后，物质资料的生产实践活动作为解决人类生存第一需要的基本活动，是人类一切活动的基础。人只有解决了衣食住行这些基本的生存需要，才能谈得上其他需要。

处理社会关系的社会实践是指处理社会内部人与人之间关系的活动。在物质资料的生产实践过程中，人们构成一定的生产关系和其他社会关系，其中生产资料是其他一切社会关系的基础。人类个体之所以构成社会，就在于人类个体之间的相互交往。社会就是人们相互交往和相互作用的产物。社会关系是人类在与自然进行物质交换即生产劳动的同时所必须进行的活动，其本质特征可以归结为自觉性、中介性和客观性三个方面。

精神生产的实践是指精神生产者有意识、有目的地创造各种社会意识形态（如科学、意识、道德、宗教、政治、法律等）的生产活动，以及精神产品的分配、交换、消费即精神交往关系及过程。精神生产是在物质资料的生产发展到一定阶段后从其中分化出来的，具有观念性、创造性和个体性特征。

科学实验是指人们为了获得客观事物某一方面的认识，采用特殊方法和手段（如科学仪器、设备等），把客观研究对象置于特定的人为的条件下，使自然过程以纯粹的典型的形式表现出来，借以暴露研究对象在自然条件下无法暴露的特性和过程，从而更好地认识和掌握客观规律。科学实验是人们认识和改造客观世界的重要活动之一，也是实践的一种重要形式，它在生产力特别是现代生产力发展中，起着十分重要的作用。

物质资料的生产实践，处理社会关系的社会实践、精神生产的实践三者在社会生产体系中不是孤立存在的，而是处于相互渗透、相互制约、相互作用的密不可分的联系之中的。其中物质资料的生产是实践的基础，起着主导的作用。科学实验以更好地进行前三种实践为目的。

人类实践活动的基本形式是多种多样的，包含诸如政治的、经济的、宗教的、科研的、文教卫生的、管理的、服务的等一系列活动。随着物质资料的生产实践的发展，还将出现更多的新的实践形式。

（二）实践的主要特点

无论是把实践作为同动物本能相区别的活动，还是把它作为同理论相区别的活动，都不能否认实践具有某些共同特点。

第一，实践是客观的物质活动，具有直接的现实性。实践是由实践的主体、实践的手段（工具）和实践的对象（客体）所构成的现实的感性活动，这种活动是可以为人们所感知的物质活动。实践对象的物质性决定了实践力量、工具、手段、过程的物质性，因为物质的东西只有物质的力量才能改变。实践过程是把主观意图转化为客观现实的过程，它不能离开意识的指导，但意识在实践过程中并不总是观念的东西，通过实践，意识使主体主观的合目的性与客体对象客观的合规律性在现实中获得直接统一。因此，实践的物质性被表述为直接的现实性，表明了实践在本质上是物质的活动这一特征。这使它与以观念的形式反映客观的纯粹认识和思辨活动区分开来，成为物质运动的一种特殊形式。实践改变了客观事物的自然进程，表现为一种自觉的物质运动过程。

第二，实践是人类自觉的能动活动，具有主观能动性。首先，实践活动具有一种目的性，人们在行动之前就已有了确定的目的。目的性是人从事实践活动的出发点，它体现了实践的自觉性、能动性。由于外部对象不能现成地满足人的需要，人必须依据主体的主观要求、价值选择和取向等对外部对象进行改造。确定实践目的，就是根据主体的需要和主体的价值选择，在思维中形成一个观念的存在，形成对实践结果的预期认识。其次，人类的实践活动总是在一定的意识的指导下进行的，它具有理性的结构。实践具有目的，是人的意识对客观事物的超前改造，是人把自己的内在尺度运用于客观事物（此时的目的不论如何体现人的内在尺度与物的外在尺度的结合，它本身还是观念形态的东西，其中渗透着理性的成分或表现为理性的指导），并通过制订实施方案使主体的理想意图在外部世界中得到实现的过程。再次，实践具有创造性的特点。人类的实践不仅要改变世界的现状，更要创造出自然界本来没有的东西，最终实现主观与客观的统一，达到人类自身的目的，即满足人的物质生活和精神生活的需要，使物质世界从"天然自然"转化为"人化自然"。最后，实践还具有文化继承性和社会遗传性的特点。每一代人在进行实践活动时，总是把前人的活动及其成果作为自己的手段，从而把历史上人类实践所创造的力量总和纳入自身之中。因此，每一代人都突破了本身力量的局限，以社会总体的形式和人"类"的资格有选择地去从事新的实践活动。人的实践能力不是通过生物遗传得来的，而是通过"社会遗传"获得的。后代人总是在继承前代人的活动方式、手段的基础上有所超越。实践的目的、手段、结果不会永远停留在同一水平上，而是在更高水平上，以新的方式从事更高一级的实践活动。

　　第三，实践是社会性的历史活动，具有社会制约性。人同自然的斗争是人们结合形成一定的社会关系，以社会的形式共同进行的。单个的人无法同强大的自然力量相抗衡，个人只有在社会关系中结合为统一整体，形成超出个体的社会力量，才能战胜自然。实践总是具体的，是在一定历史发展阶段上进行的。实践主体的能力、水平，客体的展开和对客体的改造程度都受一定历史发展阶段的制约。这里既有人们以外的自然条件的制约，又有人们活动自身条件的限定，即总是要受到主体和客体本身及其相互关系状况的制约，带有不能超越的历史时代的印记。当然，从根本上讲，实践活动既是一种被限定的活动，又是创造性的超越活动，即限定和超越的统一。刘少奇说："不要把自己看作是不变的、完美的、神圣的，不需要改造的、不可能改造的。我们提出在社会斗争中改造自己的任务，这不是侮辱自己，而是社会发展的客观规律的要求。如果不这样做，我们就不能进步，就不能实现改造社会的任务。"① 人们的实践活动首先面对的是他们历代祖先活动的结果，先辈实践的总和对他们来说属于一种不以他们意志为转移的客观的因素和条件。他们自以为许多意愿是自由的，归根到底是由这个既有基础决定的。这就使得实践活动成为一种被限定的活动，使得实践发展的过程具有了他律的性质。与此同时，实践活动又从来不是先辈活动的简单"复制"过程，它的本质是要改造现实，超越过去，面向未来，创造出过去和现在都未曾有过的理想性的存在。所以，前人活动对后人活动的制约，归根到底还是人类活动的自我制约，实践也就具有了自律的性质。因此，生产实践的发展既是自律的过程，又是他律的过程，即自律与他律的统一。

三　实践过程中主观能动性和客观规律性的关系

（一）正确发挥主观能动性

1. 主观能动性的表现

辩证唯物主义在坚持物质决定意识，意识依赖物质的前提下，同时也承认意识对物质具有能动的反作用。"思想等等是主观的东西，做或行动是主观见之于客观的东西，都是人类特殊的能动性。这种能动性，我们名之曰'自觉的能动性'，是人之所以区别于物的特点。一切根据和符合于客观事实的思想是正确的思想，一切根据于正确思

---

① 刘少奇：《论共产党员的修养》，人民出版社，1962，第 3 页。

想的做或行动是正确的行动。"① 只有把物质对意识的决定作用和意识对物质的能动反作用统一起来，才能全面准确地理解物质和意识的相互关系，才是彻底的唯物主义。

意识的能动作用即意识的反作用或意识的能动性，是指意识能动地反映客观事物，形成主观观念，并且自觉地指导人们的实践活动，反作用于客观事物。

首先，意识的能动性表现为意识活动本身就是一个主动的创造性过程。人以感觉和思维的形式反映客观世界。在感觉的基础上形成的是关于事物的外部联系的认识；但人并不满足于此，人要在对事物感性认识的基础上，运用自己实践中形成的抽象思维的能力，透过事物的表面现象，把握事物的本质和规律，预测事物发展的前景。从意识的深度看，人的认识不断地从低级向高级、从不知到知、从知之较少到知之较多发展，构成了人类科学知识整体自我推进的特殊发展逻辑。从意识的向度看，意识反映其对象一是对于现实对象的追踪性反映；二是对于历史对象的回溯性反映；三是对于未来对象的前瞻性反映。人的意识的这种全方位、多视角、多方式地反映客观世界，正是意识的能动性的重要表现。

其次，意识的能动性表现为人的富有成果的实践活动总是在正确思想观念的指导下展开的。人的活动总是体现着某种目的性、计划性，而不是盲目进行的。为了保证活动的有效性，达到行动的目的，人在进行活动之前，就要预先在头脑中确定所要达到的目标和效果，建构活动的实施方案和过程，并对活动中可能出现的偶然性因素做出充分的预测，然后形成一定的对策和措施。"蜘蛛的活动与织工的活动相似，蜜蜂建筑蜂房的本领使人间的许多建筑师感到惭愧。但是，最蹩脚的建筑师从一开始就比最灵巧的蜜蜂高明的地方，是他在用蜂蜡建

---

① 《毛泽东选集》第 2 卷，人民出版社，1991，第 477 页。

筑蜂房以前，已经在自己的头脑中把它建成了。"① 显然，人在实践活动中表现出来的这种目的性和计划性，是人所特有的主观能动性，是其他任何动物所不具备的。

再次，意识的能动性还表现在对人体生理活动的控制。我国古人早就认识到人的心理因素对人体生理和病理活动的调节作用。俗话说："一副好心情，胜过十付药。"可以说，良好的情绪能增进食欲，促进消化，对身体健康起到良药的作用。现代科学研究证明，人的意志、情感可以调节和控制人的生理过程。"焦虑、抑郁、紧张、恐惧等长期的负性情绪与心身疾病的生理基础密切相关，可直接影响大脑皮质对下丘脑内分泌系统及植物神经系统的作用，造成体液、激素、酶的异常，导致各种急性或慢性内环境的不稳定，影响机体的生理、心理活动，造成心身疾病加重；而心身疾病的持久不愈又反过来加重负性情绪，从而形成恶性循环。"②

最后，意识的能动性突出地表现在对客观世界的改造上。认识世界的最终目的是改造世界，使现实世界成为人化自然。"哲学家们只是用不同的方式解释世界，问题在于改变世界。"③ 意识的能动性不仅能够使人们在实践中形成一定的实践观念，更能够外化为人的活动，引起对象的某种改变，进而被人利用和占有，为人服务。

2. 发挥好主观能动性的途径和条件

要正确地发挥意识的能动性，使观念形成的意识转化为现实的物质力量，必须通过和借助物质的途径和条件。

第一，要正确发挥意识的能动性，必须遵循物质运动的客观规律。客观规律是事物本身所固有的、本质的、必然的联系。人们只有掌握了事物的客观规律，按客观规律办事，使自己的思想和行动建立在客

① 《马克思恩格斯文集》第5卷，人民出版社，2009，第208页。
② 张向荣、彭昌孝、袁勇贵：《心身疾病患者负性情绪与心理防御机制研究》，《健康心理学杂志》2001年第4期。
③ 《马克思恩格斯文集》第1卷，人民出版社，2009，第502页。

观规律的基础上，才能在实践中有效地改造事物。如果无视客观规律，必然要受到规律的惩罚。人们对事物的客观规律认识得越深刻、越全面，就越能掌握主动权，越能充分发挥意识的能动作用。

第二，要正确发挥意识的能动性，就必须把正确的思想付诸实践。人的意识是一种内在的、精神的东西，要使它实现，就不能只停留在意识本身的范围内，必须通过实践使其外化或物化。否则，再好的思想也失去了价值，只能是纸上谈兵，根本谈不上意识的能动作用。列宁说："马克思和恩格斯对工人阶级的功绩，可以这样简单地来表达：他们教会了工人阶级自我认识和自我意识，用科学代替了幻想。"① 马克思主义向工人正确揭示了资本主义运动规律，阐明了工人实现自身解放的正确途径与方法，工人阶级的意识由此就变成了科学意识，而不再是一种美好的幻想。

第三，要正确发挥意识的能动性，还依赖一定的物质条件和物质手段。人通过实践活动实现对世界的认识和改造，但是人的活动结构，并不只是人和其对象构成的两极结构，其中还存在着作为内外因素的物质条件、物质手段、工具等。例如，人利用天文望远镜、光谱分析仪、航天探测器等观测设施认识宏观天体，利用电子显微镜、粒子加速器等物质手段认识微观世界；至于改造世界的实践活动，则更要依赖一定的工具、机器等物质中介手段。物质条件、物质手段作为人体延长了的物质器官，大大提高了人类的意识能动性。

（二）主观能动性和客观规律性的关系

1. 坚持发挥主观能动性与尊重客观规律性的统一

辩证唯物主义认为，尊重客观规律与发挥主观能动性是辩证统一的。它们相互依存，相互转化。二者的相互依存表现在两个方面。一方面，主观能动性依赖于客观规律性，没有客观规律性，就没有主观能动性可言。主观能动性表现为通过认识客观规律，在实践活动中利

---

① 《列宁选集》第 1 卷，人民出版社，1995，第 89 页。

用客观规律去征服自然、改造社会，成为客观规律的主人。所以，客观规律是主观能动性的前提和基础。另一方面，规律是客观的，是不以人的主观意志为转移的，人们既不能创造规律，也不能消灭规律，但是通过人的主观努力，客观规律是可以被人的意识所掌握、所利用的。恩格斯说："自由不在于幻想中摆脱自然规律而独立，而在于认识这些规律，从而能够有计划地使自然规律为一定的目的服务。"① 二者的相互转化表现在以下两个方面。首先，客观规律性向主观能动性的转化是将在实践过程中取得的感性经验经过头脑的思考加工形成理论认识的过程，这一过程把客观规律转化为科学规律，再把科学规律变成计划、方针、政策以付诸实践，来起到改造世界的作用。其次，主观能动性向客观规律性的转化，即主体利用客观规律改造客观世界的过程。人们的实践活动越是建立在尊重客观规律的基础之上，主观能动性也就发挥得越充分和有效。反之，如果不懂客观规律蛮干，逆着客观规律拼命干，其热情越高、干劲越大，失败得也就越惨。

客观规律性和主观能动性的统一是具体的、历史的统一，二者统一的基础是实践。在不同的历史时期、不同的历史条件下，人类实践的内容、手段、目的和结果是不同的。因此，要正确地发挥主观能动性，必须以变化发展着的客观事物及其规律为基本出发点。在实际工作中，我们既要有严肃的科学态度、扎实的工作作风，又要发扬大胆的创新精神，保持旺盛的革命干劲，秉持高度的革命责任感，坚持实事求是和解放思想的统一。

2. 坚持实事求是与解放思想的辩证统一

世界的物质统一性原理要求我们在认识问题和解决问题时必须坚持实事求是的原则。毛泽东指出："实事"就是客观存在着的一切事物，"是"就是客观事物的内部联系，即规律性，"求"就是我们去研

① 《马克思恩格斯文集》第9卷，人民出版社，2009，第120页。

究。①　概括地讲，就是要从实际情况出发，找出客观事物固有的规律性和自身的内部联系，作为我们的行动的向导。

在现实生活中要做到实事求是，就必须解放思想。所谓解放思想，是指在正确思想的指导下，冲破落后的传统观念和主观偏见的束缚，在研究新情况、解决新问题的过程中，使思想和实际相符合、主观和客观相一致，这是一种勇于探索进取的精神状态。一方面，坚持实事求是就要解放思想。因为"实事"和"是"都是在实践过程中历史地变化着的。新事物的不断产生要求人们的实践能力和认识水平不断突破原来对事物的认识层次，把握事物更深层次的本质；实践的改造则使得事物的状态、形式发生着改变，需要我们再认识自己。那些已经落后于实际的传统观念和思维模式会影响人们对新事物、新情况的看法，只有摆脱落后的传统观念的束缚，解放思想，从已经发展了的实际着手，才能正确地反映新事物的本质和规律，做到实事求是。另一方面，要解放思想又必须实事求是。因为解放思想不是要把传统观念全盘抛弃，而只是摆脱过时的、僵化的观念。已被实践证明是真理的正确思想不仅不能抛弃，反而要坚持，这样才能正确地引导人们深入认识新事物。坚持什么，否定什么，只能实事求是，根据实际的变化发展来确定。同时，解放思想是要以新思想、新观念来取代过时落后的思想观念，以求得对事物本质和规律的正确认识。因此，坚持实事求是与解放思想的目标是一致的，都是要使思想与发展着的实际相结合，二者相互补充、相得益彰。

要做到解放思想、实事求是，就要求我们在实际工作中防止两种倾向。一种倾向是忽视解放思想，看不到主观主义、教条主义、经验主义的危害性，以致安于现状、因循守旧、谨小慎微，在改革中迈不开步子，贻误发展的大好时机。另一种倾向是把解放思想理解成仅凭主观愿望和热情办事，理解为随心所欲，可以想怎么干就怎么干，或

———————————

①　《毛泽东选集》第 3 卷，人民出版社，1991，第 801 页。

者超越历史阶段行事。这种不顾实际，不考虑事物客观规律的盲目蛮干的做法，在我们党的历史上教训是很深刻的。正确的做法是，既要坚持解放思想，勇于实践，大胆探索，又要坚持实事求是，一切从实际出发，切切实实地按规律办事，把革命的干劲和科学的精神紧密地结合起来，把解放思想和实事求是紧密地结合起来。

第三节　现代科学是唯物主义的最有力证明

从本质上来讲，实践和科学是统一的。亚里士多德在《形而上学》中把"为求知而从事学术"①的科学研究视为人生的理想和目的。一方面，科学来源于实践，是实践能动性和创造性的最高表现形式；另一方面，科学是实践向纵深发展的内在动力。实践的基本形式为物质资料的生产实践、处理社会关系的社会实践、精神生产的实践和科学实验。科学实验是一种积累性、准备性、学习性、尝试性、探索性的实践形式，其目的是更好地进行物质资料的生产实践、处理社会关系的社会实践和精神生产的实践，是人类为了认识和能力能够更大程度上满足自己的欲望和需求，而进行的有组织、有计划、有目的的社会性实践活动。

一　科学是最高级的实践形式

科学是一个建立在可检验的解释和对客观事物的形式、组织等进行预测的有序的知识基础上的系统，是运用理论范式、语言概念系统、数学逻辑系统、符号模型系统等记录记载下来的人类认识和改造世界能力的结晶。在马克思看来，科学往往是事物发展规律和真正站在人民发展立场的代名词。"政治经济学所研究的材料的特殊性质，把人们心中最激烈、最卑鄙、最恶劣的感情，把代表私人利益的复仇女神

---

① 〔古希腊〕亚里士多德：《形而上学》，吴寿彭译，商务印书馆，1959，第5页。

召唤到战场上来反对自由的科学研究。"① 科学是指对客观世界的正确认识，是反映客观事实和客观规律的知识体系及相关活动。科学主要分为自然科学、社会科学和思维科学等。当今时代，科学活动与技术活动的联系也越来越紧密，出现了科学技术化和技术科学化的趋势，科学和技术日益融为一体。科学技术作为先进生产力的重要标志，对推动社会发展起着非常重要的作用。一方面，科学技术的发展标志着人类改造自然能力的增强，意味着人们能够创造出更多的物质财富，对社会发展有巨大的推动作用。另一方面，科学技术运用于社会所产生的问题也越来越突出，如工业的发展带来水体和空气的污染，大规模的开垦和过度放牧造成森林和草原的生态破坏，转基因食品的安全性和基因治疗、克隆技术的适用范围等问题，引起了人们高度关注。有时科学技术也"表现为异己的、敌对的和统治的权力"②，如世界上的霸权主义者利用现代科学技术发展武器，入侵他国，造成了大量生命、财产的损失。

实践的应用与探索，可以帮助人们进入科学之门，同时也可以检验科学的正确性；科学对实践有指导作用，实践可以帮助人们拓展认识世界的深度和广度。两者相辅相成，缺一不可。实践是人能动地改造物质世界的对象性活动，具有较强的主观能动性。人通过实践可以把天马行空、漫无边际的想象转化为现实。意识转化为物质，中间的桥梁便是实践。古时有所谓千里眼、顺风耳，现在就有了视频聊天和电话。在我们身边，这样的例子数不胜数。

二　科学技术革命是人类社会进步的强大杠杆

自 20 世纪以来，随着近代科学技术的巨大发展，人类在经历了农业经济、工业经济之后即将进入一个崭新的技术和知识经济时代。尤

---

① 《马克思恩格斯文集》第 5 卷，人民出版社，2009，第 10 页。
② 《马克思恩格斯文集》第 8 卷，人民出版社，2009，第 358 页。

其在 21 世纪，科学和技术的革新和革命，引起了生产力的巨大飞跃，改变着人类历史的进程，成为人类现代文明发展的基石和社会进步的先导，并展现着科学技术作为未来经济与社会发展之基本动力的无穷魅力。

科学技术是直接服务于生产力发展要求的。生产力是解决人与自然矛盾的能力，这种能力一方面是指对自然的认识，另一方面是指对自然的改造。科学技术正是从这两个方面体现着它们的双重社会价值。一方面是它的真理价值。改造自然必须认识自然，科学为人们提供关于自然规律的真理性认识，使实践主体不断地从必然趋向自由，提高劳动者的科学文化素质，这正是科学的真理价值。另一方面是它的应用价值。认识自然的目的在于改造，改造自然的能力不仅取决于实践主体掌握了多少关于自然的知识量，具有决定意义的是实践主体拥有何种性质的技术和工具。科学的应用性研究，正是以特定的知识为指导，创造出新材料、新工艺、新技术，通过对生产过程进行服务来体现它的应用价值。

科学从本质上说是一种积极的、进步的、对社会发展起推动作用的力量。科学的作用又有直接和间接之分。对于生产力，科学是直接渗透于其中，并作为现实生产力的要素促进生产的发展的。对于社会变革，科学则以间接的方式通过生产力而产生作用。

首先，科学技术可以转化为直接的现实的生产力。

生产力首先是一种物质力量，其发展是自然历史过程，但是，与自然界纯粹的物质力量不同，生产力是人类本质力量的对象化和体现。因此它必然渗透着主体性。其主体性又包括两个方面，即目的性和对客观规律的认识。也就是说，人类在改造自然的过程中，要遵循两个尺度——人的内在需要尺度和客观外在规律尺度——相统一的原则，在遵循客观外在规律基础上，使客体按照人的目的发生变化，使世界更适合人类的生存和发展。因此，完全意义上的生产力应该包括两个方面，即物质生产力与精神生产力。精神生产力既包括精神生产者从事精神生产的能力，也包括物质生产中的智力因素。从形态上看，科学技术属于精神生产力，它不是人类历史上积淀下来的改造自然的物质力量，而是如马克思所说的，是人类对自然的理解，是知识形态上的生产力，是生产力发展的一个方面、一种形式。停留于观念形态的科学属于社会意识，只是一种潜在的生产力，只有与物质生产力的实体性要素相结合，科学才能进入生产力，并构成生产力的重要方面即精神生产力。已经与生产力实体性要素相结合的科学就是技术，或者说，成为现实生产力的科学是以技术的形态存在的。

　　科学技术对生产力的具体作用主要表现在以下两个方面。一是没有科学技术就没有生产力。物质生产力不能脱离精神生产力。因为，不论物质生产力处于怎样低级的阶段，其中也不可能不包含人类的智力因素。正是由于人的智力因素物化于人与自然的相互作用过程中，才使生产力与一般自然力得以区别，而且这种人类智力因素物化的程度越高，生产力的水平也就越高。如果说，原始生产力中只包含着简单的知识，或者说生产力中的智力因素只表现为简单的技能，那么近代和现代生产力就根本不能发展。因此，生产力是一种包含着人类智力的物质力量，离开作为人类智慧结晶的科学技术就不可能有生产力，也不可能理解生产力与纯粹自然力的区别。因此，马克思明确指出科学是生产力发展的"一个方面，一种形式"①，是"一般社会生产力"②。马克思指出："固定资本的发展表明，一般社会知识，已经在多么大的程度上变成了直接的生产力，从而社会生活过程的条件本身在多么大的程度上受到一般智力的控制并按照这种智力得到改造。"③二是没有科学技术就没有生产力的发展。生产力水平的高低不取决于人们生产什么，而取决于人们怎样生产、用什么进行生产。所以，生产工具是生产力水平的指示器，而生产工具的发展，是与科学技术的

---

　　① 《马克思恩格斯文集》第 8 卷，人民出版社，2009，第 170 页。
　　② 《马克思恩格斯文集》第 8 卷，人民出版社，2009，第 396 页。
　　③ 《马克思恩格斯文集》第 8 卷，人民出版社，2009，第 198 页。

进步同步的。没有科学技术的进步，既成的生产工具无从改进，新的生产工具也无从发明。在生产力中，劳动者是首要的因素，但劳动者劳动能力的提高不取决于其体力的提高，而取决于其智力的提高。劳动者智能和素质的提高，又取决于科学技术的发展水平以及劳动者对科学技术的掌握，科学技术则通过提高劳动者的智能和素质去推动生产力的发展。

其次，科学技术是推动社会变革的重要力量。

科学技术对社会变革的作用与对生产力的作用不尽相同，它不是直接实现而是间接实现的。其一，科学技术通过促进生产力的发展来推动社会变革。其二，科学技术通过参与新思想和新理论的形成，间接推动社会变革。科学技术一方面以生产力为中介为社会变革提供物质基础，另一方面以哲学世界观为中介为社会变革提供思想基础。需要强调的是，不仅自然科学是生产力，社会科学同样也是生产力。

科学技术的革命是人类对自然界和社会认识的巨大飞跃，当代社会的一个重大特征就是科学技术革命与社会历史发展紧密交织在一起。科学技术的革命必然地引起产业革命，产业革命必将引起社会结构的变化和发展，并最终引起历史变革并影响历史发展的趋势。1988 年邓小平同志提出的"科学技术是第一生产力"[①] 体现出对马克思恩格斯"科学是人类理论上的进步"[②] 论断的深刻理解，揭示出现代社会生产力革命的最高表现形式，肯定了现代科学技术革命是促进现代生产力、社会经济和人类社会发展的强大动力。

三　现代科学是唯物主义的最有力证明

（一）现代自然科学家的哲学主流和本质是唯物主义，并且包含了辩证法思想

科学家始终站在理论自然科学革命的前沿，站在科学的自然观以

---

① 《邓小平文选》第 3 卷，人民出版社，1993，第 274 页。
② 《马克思恩格斯文集》第 8 卷，人民出版社，2009，名目索引，第 702 页。

及思维方式变革的前沿。从宇宙的深层对称、夸克的奇异性、基因的起源，到自我的本质，都是当代科学所研究的前沿问题。为了解开这些自然之谜，理论自然科学家必然会深沉地追溯到同这些谜底密切相关的哲学问题。例如宇宙的内在和谐，人和自然的关系，理论和实在、主体和客体的关系等。科学家在由科学问题径直进入哲学领域时，依靠根深蒂固的自然科学唯物主义信念来鼓舞自己前进，依靠这种信念，科学家排除任何怀疑论哲学的路障，不断向前推进自然科学的哲学探索。在此基础上，现代自然科学唯物主义同马赫的"要素一元论"哲学以及现在属于科学主义思潮的种种怀疑论、非理性主义倾向，是根本对立的。普里高津就是后者的一个著名代表。他认为，假如我们接受了实证主义观点（它把科学归结为一种符号的微积分），科学就会大大失去其吸引力。当代科学正在将可逆性和不可逆性、有序和无序、偶然性和必然性，结合在一个统一的理论框架中。科学家相信，我们正朝着一种新的综合前进，朝着一种新的自然主义前进。这里讲的"新的自然主义"，就是指完全不同于机械论自然观的现代自然科学的唯物主义。

（二）现代科学研究体现了唯物主义的认识论和方法论

现代西方科学家的唯物主义思想的核心和主体，是他们的自然观和认识论，而不是打上了资产阶级人道主义烙印的科学人道主义。正是体现在他们自然观和认识论方面的唯物主义精神，同西方社会流行的种种哲学唯心主义、怀疑主义、不可知论的思潮，在根本上对立、不相容。科学的自然观和认识论，本质上是全人类共同的精神财富。我们不能把某些西方哲学家对现代科学认识成果的错误解释同科学家唯物主义的基本精神混为一谈，更不能因为西方唯心主义哲学家对现代科学家的哲学思考存在着不可避免的影响，就盲目排斥、拒绝认真吸取现代西方自然科学唯物主义的积极、合理的认识成果。

总之，对现代西方自然科学唯物主义，进行整体的、系统的、深入的研究，目的是从中吸取有价值的认识成果，以丰富和发展马克思主义哲学。全面了解现代西方科学家唯物主义思想的特点和优势，具体分析它的弱点和局限，对于分清马克思主义世界观和非马克思主义世界观的原则界限，自觉抵制资产阶级意识形态的侵袭，无疑是意义重大的，这是当下一个不容我们忽视的课题。为了进行这种研究，使这种研究循着辩证唯物主义和历史唯物主义开辟的正确道路前进，我们要明确反对对西方流行的科学哲学不加分析地盲目"引进"的态度，也要努力避免对西方科学家的哲学思想采取简单排斥态度的错误倾向。只有这样，才能将马克思主义哲学的基本理论同当代理论自然科学发展的实际更好地结合起来。

（三）现代科学深化了人们对客观物质世界是多样性的统一原理的认识

恩格斯在 19 世纪七八十年代就指出："我们所接触到的整个自然界构成一个体系，即各种物体相联系的总体，而我们在这里所理解的物体，是指所有的物质存在，从星球到原子，……它们是相互作用着的，而它们的相互作用就是运动。"① 从这段话中就可以看出，恩格斯提出了物质世界是有等级结构的，是由无数事物和过程相互联系、相互作用而构成的统一整体的思想。恩格斯是站在 19 世纪的自然科学发展水平上提出这一深刻思想的。19 世纪末，自然科学研究总体上还局限于宏观世界层次，而且由于经典力学由来已久的影响，形而上学思维方式根深蒂固，在 19 世纪的科学思想中总体上继续占据统治地位，因此当时的人们对物质世界的层次结构以及事物之间相互联系的理解是不深刻的，只有思想深邃的恩格斯能够见微知著，提出了超越时代的理论假说。现代科学在各个特定领域内的巨大发展进一步证实和深化了恩格斯的这一深刻思想，这主要表现在如下两个方面。

---

① 《马克思恩格斯文集》第 9 卷，人民出版社，2009，第 514 页。

第一，现代宇宙学、量子力学、粒子物理学、分子生物学等新兴学科的产生和发展，为我们揭示了客观物质世界存在着不同的等级层次，即宏观、中观、微观，揭示出在每一等级层次内部存在着的复杂的层次结构网络。在不同的等级层次之间也存在着内在统一的关系，如宏观和微观是两个不同的物理层次，它们运动所遵循的规律分别用经典力学和量子力学来描述，但是，在一定的近似条件下，量子力学可以退化为经典力学，即经典力学作为量子力学的特例而存在。其他等级层次之间也具有这种统一性。

第二，系统论的产生与发展，更加深刻地论证了物质世界的系统整体性。系统论认为世界上每一个具体事物都是一个系统，每一个物质系统本身是一个具有一定层次结构和特定功能的综合整体，正是这些特定的结构和功能规定了物质系统自身的存在；整个物质世界是由无数的物质系统组成的大系统，大系统内部的各物质系统组成了一个按高低排列的等级结构网络，其中的各层次之间以及层次内部都存在着相互作用、相互联系、彼此制约和相互转化的辩证关系。以上两方面充分地表明了整个物质世界的多样性的统一性。

概而言之，现代科学的发展证实和深化了恩格斯关于物质世界具有层次结构、层次结构具有无限性和复杂性、物质世界具有系统整体性、系统整体是物质世界的存在形式的思想，从而使人们对物质世界是多样性的统一的认识达到了"内部细节异常清晰，外部整体机制完整统一"的阶段。

（四）现代自然科学在社会历史观和伦理道德观上有其局限性

总的来说，现代科学某些方面仍表现出与唯物主义并不完全正相关的关系，这不是科学本身的问题，而是科学家的问题。一些科学家在涉及世界观的时候，同近代的自然科学家，没有原则性的区别，仍然具有机械唯物主义倾向。神经生理学家沃伦·麦卡洛克认为，人类的神经功能可以建立一种模型，并且这一模型可以与自动化理论相结合，因为"大脑不像肝脏分泌胆汁那样分泌思想，但是……它们按照电子计算机计算数字的方式计算思想"①，但是，我们必须得肯定，科学越来越表现出现代性、实践性、辩证性特点，这和科学人道主义在战后的蓬勃兴起是密不可分的。这种科学人道主义，一方面同西方国家传统的人道主义分不开，另一方面又同当代科学发展带来的诸多社会问题紧密相连。例如，核武器产生的社会后果、智能机器人带来的失业，以及环境污染、生态破坏等问题，都会使得科学家在道德责任、价值观念等方面做出自己的选择。现代科学的一个典型特征是科学的人道主义成分融入现代自然科学和技术。控制论的创始人维纳的观点在西方科学家中具有代表性。维纳本人公开申明，他是一个自由主义者，不赞成共产党人的价值观，但他同样反对"冷战"初期美国实行的麦卡锡主义，即垄断资产阶级的专制、独裁的法西斯倾向。控制论的创立及其初期的发展，使他对工业自动化革命后，即现在所谓后工业社会、信息时代的社会问题有了深切了解，也正是因此，他表示会深入关注这些社会问题。在他的社会哲学著作《人有人的用处——控制论和社会》一书中，他从现代科学革命的高度，深刻表达了他的科学人道主义观点。"当个体人被用作基本成员来编织成一个社会时，如果他们不能恰如其分地作为负着责任的人，而只是作为齿轮、杠杆和连杆的话，那即使他们的原料是血是肉，实际上和金属并无什么区别。作为机器的一个元件来利用的东西，事实上就是机器的一个元件。"② 这种观点的核心是，科学家在新的科学技术革命面前，要有高度的道德责任感，要使科学技术的发展服务于增进全社会和全人类福祉。

现代自然科学家哲学思想的主流和本质是唯物主义的，并且充满了辩证法的合理思想，现代科学的研究体现了唯物主义的认识论和方

---

① 转引自〔美〕凯瑟琳·海勒《我们何以成为后人类：文学、信息科学和控制论中的虚拟身体》，刘宇清译，北京大学出版社，2017，第78页。

② 〔美〕N. 维纳：《人有人的用处——控制论和社会》，陈步译，商务印书馆，1978，第153页。

法论，现代科学深化了人们对客观物质世界是多样性的统一的原理的认识。马克思唯物主义源于实践并指导实践，实践过程中产生科学，科学既是实践的结果，又是推动实践向纵深发展的内在动力，现代科学在不断地认识和改造世界的实践过程中强有力地证明马克思唯物主义是科学的世界观。

正确掌握辩证唯物主义和历史唯物主义的科学世界观和方法论，深刻认识"实践是物质和意识的桥梁纽带""现代科学是唯物主义的最有力证明"等马克思辩证唯物主义的基本问题、基本理论、基本范畴，坚持马克思主义的立场、原则和方法，是大学生在"观世界"的过程中，培养和提升马克思主义理论素养、树立和掌握科学的世界观和方法论、成为社会主义建设合格接班人的首要的和主要的内容。

第三讲

运用辩证法揭开世界的神秘面纱

我们生活在一个多元复杂的世界，这个世界不断地发展变化，呈现出无穷的多样性和丰富性。要认识这个世界，就不能用僵化的、教条的、片面的眼光去看，而要用辩证的、科学的、全面的眼光去看。恩格斯指出："当我们深思熟虑地考察自然界或人类历史或我们自己的精神活动的时候，首先呈现在我们眼前的，是一幅由种种联系和相互作用无穷无尽地交织起来的画面。"[①] 这就要求我们运用科学的理论、方法和工具，把握事物的本质、规律和趋势，正确地分析和解决问题。当前，我们正处于一个伟大的时代，社会主义建设的新征程已经开启，国际形势也在发生深刻的变化。我们面临着前所未有的机遇和挑战，要实现中华民族伟大复兴，就必须坚持和发展中国特色社会主义，就必须不断创新和完善社会主义制度，就必须坚定不移地走和平发展的道路，就必须积极参与和引领全球治理的变革。习近平总书记指出："要提升思维能力，把新时代中国特色社会主义思想的世界观、方法论和贯穿其中的立场观点方法转化为自己的科学思想方法，作为研究问题、解决问题的'总钥匙'，切实提高战略思维、辩证思维、系统思维、创新思维、历史思维、法治思维、底线思维能力，做到善于把握事物本质、把握发展规律、把握工作关键、把握政策尺度，

---

① 《马克思恩格斯全集》第20卷，人民出版社，1971，第23页。

增强工作科学性、预见性、主动性、创造性。"① 深入学习马克思主义唯物辩证法思想，灵活运用科学的思维方法，将有助于提高大学生的思维能力和创新能力。

第一节 科学认识辩证法

历史上，人们对于辩证法的认识是一个不断发展的过程，也是一个充满曲折的哲学探索过程。有的人把辩证法误解为诡辩术，有的人把辩证法简化为对立统一的公式，有的人把辩证法歪曲为唯心主义的玄学，有的人把辩证法庸俗化为机械的因果关系……这些都是对辩证法的误读和误用，都是对辩证法的亵渎和破坏。要纠正这些错误的认识，要正确地理解和运用辩证法，就要回到马克思主义唯物辩证法的源头，就要学习和掌握马克思主义唯物辩证法的基本范畴、基本原理和基本方法，就要关注和研究马克思主义者对唯物辩证法的继承和发展，就要结合时代的变化和实践的需要，不断丰富马克思主义唯物辩证法的理论内涵，不断发展马克思主义唯物辩证法的实践。辩证法是马克思主义的科学方法论，是马克思主义的活的灵魂。我们要用辩证法的工具去研究和解决当代中国的重大理论和实践问题，去推动马克思主义中国化的新发展，为实现中华民族伟大复兴而奋斗。

一 辩证法的由来和含义解读

（一）辩证法的概念由来与不同界说

"辩证法"一词源于希腊文 dialego，其含义是进行谈话，进行论战。② 从哲学发展史来看，"辩证法"应该是出于古希腊哲学发展时期智者之间的辩论术。起初，自称为"智者"的辩论哲学家们为了战胜另

---

① 《习近平在听取陕西省委和省政府工作汇报时强调 着眼全国大局发挥自身优势明确主攻方向 奋力谱写中国式现代化建设的陕西篇章》，《人民日报》2023 年 5 月 18 日，第 1 版。

② 王克孝等主编《辩证法研究》，人民出版社，1993，第 1 页。

一方，大都注意把辩论术与逻辑、修辞和语法结合起来进行研究。"辩证法"一词后来才被推广到研究世界发展的普遍规律，成为认识世界的辩证方法。最早掌握这种论辩技巧的人是苏格拉底，他曾经问他的弟子：什么样的人是最聪明的？——在他看来知道自己无知的人最聪明。

"辩证法"这个术语，在不同的历史时期和不同的哲学家那里，也有不同的含义，在哲学史上曾经在不同的意义上被使用。

公元前 5 世纪前后，古希腊的一些哲学家围绕世界的本原问题展开讨论，同时出现了论辩的方法，哲学家们使用辩证法来指代一种通过揭示对话中的矛盾来寻求真理的方法。爱利亚学派形式的芝诺提出"飞矢不动"悖论以论证"存在者是不动的"的观点，把有限和无限、连续性与非连续性加以割裂，夸大运动的间断性，否认运动的不间断性，从而否认了运动。这一论证在客观上接触到了运动本身所包含的间断性与非间断性的矛盾。赫拉克利特提出了"人不能两次踏进同一条河流"，一切皆流、一切皆变的发展变化思想。他认为，同一事物既存在又不存在，我们在同一时间所踏进的既是同一条河流又不是同一条河流。因为"走下同一条河的人，经常遇到新的水流。"赫拉克利特的朴素辩证法思想是古希腊辩证法的突出成就，列宁称之为"辩证法的奠基人之一"。智者学派的诡辩术则把辩证法作为一种据理论证的艺术而广泛运用。苏格拉底认为辩证法是一种特有的问答法。他把辩证法看作通过对立意见的争论而发现真理的艺术。柏拉图则认为辩证法是对本质进行分析的科学。他除了根据传统的含义，把辩证法看作通过揭露对方论断中的矛盾并且加以克服的方法外，还把辩证法作为认识"理念"过程中由个别到一般、又由一般到个别的方法。亚里士多德除了把辩证法作为"研究实体的属性""揭露对象自身中的矛盾"的方法外，还经常在逻辑学的意义上使用辩证法，把辩证法作为形成概念、下定义和检查定义是否正确的方法。

可见，从柏拉图、亚里士多德到中世纪，辩证法一直是指逻辑论证的方法。从亚里士多德到斯多葛学派乃至康德以前，辩证法在含义上常与形式逻辑相混。

促使辩证法含义发生根本转变的关键人物是康德和黑格尔。康德使得辩证法一词与思维发展的先天法则联系起来。他的辩证法的概念主要是指理性自身包含的矛盾。研究和论证这种矛盾的客观性和必然性，揭示先验假象逻辑，就是辩证法。康德的二律背反所指出的理性在试图超越经验界限去认识本体时的固有矛盾，是近代辩证法最深刻的一种进步。黑格尔的辩证法直接指纯粹思维，按照正、反、合方式发展的逻辑规则。他第一个全面地系统地叙述了辩证法的一般运动形式。他不仅把辩证法看作一种思维方法，而且认为辩证法是适用于一切现象的普遍原则，是宇宙观。他在哲学史上第一个明确地在宇宙观意义上使用辩证法概念。黑格尔认为，辩证法是一种基于对立面之间矛盾的过程的认识方法，强调思维的矛盾和发展的过程，这个原则不仅是普遍适用的，而且是获得其他科学知识的灵魂的"真正的哲学方法"；概念的运动原则就是辩证法，从现象运动和发展的内在联系出发才能够揭示运动和发展的源泉和真实内容。但是黑格尔的辩证法思想是建立在客观唯心主义基础上的，他的辩证法的神秘主义在于把绝对观念的自我发展强加于自然界和人类社会。

在马克思主义哲学看来，辩证法是主张世界普遍联系和永恒发展的世界观和方法论，要求用联系、运动、发展的观点看待问题、处理问题。恩格斯的《自然辩证法》《反杜林论》，列宁的《唯物主义和经验批判主义》，都认为辩证法专指事物发展过程中对立面的统一。马克思主义辩证法使"辩证法"概念在唯物主义基础上获得了真正科学的内容。

（二）辩证法的含义解读

恩格斯给辩证法下过科学的定义："辩证法是关于普遍联系的科学。"① 也就是说，辩证法属于科学的世界观和方法论，是人们正确认识世界和改造世界的理论依据。

———————

① 《马克思恩格斯选集》第 3 卷，人民出版社，2012，第 841 页。

辩证法的含义可以从两个角度进行理解：其一，辩证法是事物内在的辩证逻辑，即揭示了客观存在的自然界以及包括人类社会运动和发展的辩证运动规律；其二，辩证法是人类认识过程中所揭示的主观世界和客观世界的辩证逻辑，即辩证法是人类思维在认识世界的过程中遵循的发展规律，辩证法是一种在矛盾中运思、在对立中把握统一的思维方法。它们都是客观存在的，都是客观辩证法，具有客观性的根本特性。这表明自然界、人类社会、人类思维这三者并非相互独立的三个领域，而是同一个发展过程中的不同发展阶段——物质世界是客观存在的、是无限的，客观世界的发展也是辩证的，其发展的规律又是客观的，其辩证性质是从来就有的和永恒的；也就是说这三者之间应该是一个由低级到高级、由简单到复杂的同一发展过程的关系，因而才有普遍联系。人对世界的认识也是辩证的，认识的发展过程也是辩证。辩证法作为哲学的一个部分，是关于物质世界的辩证性质的观点和学说，没有物质世界的辩证性质就不会有辩证法这种观点和学说。哲学史上关于辩证法的各种理论构成了人类认识的宝贵部分。通过研究这些理论，我们得以理解辩证法如何反映在人的思维中，并逐步从感性向理性、从零散向系统转变。在认识过程中应用的辩证思维遵循的是唯物辩证法的基本规律，这些规律在思维中得以体现。所以辩证法是关于客观事物的性质和规律的学说，是人类通过实践获得的认识成果，是人类改造和认识世界的工具。

因此，马克思主义的辩证法作为一种发展原则，它强调一切事物的发展都是遵循着对立统一的矛盾观发展的。辩证法不仅是事物前进的动力，也是创新的本源，它代表了客观现实内在的驱动力和生命力。换句话说，辩证法的内容和原则渗透在物质演化的每一个阶段以及我们的思维活动中。

在阐述辩证法时，我们应该恪守以下原则：物质第一性、意识第二性；客观第一、主观第二；思想的发展起点应与历史的发展起点相对应；确保逻辑推理和历史发展相协调。若不遵守这些原则，我们很可能会落入唯心主义和形而上学的陷阱。同样，在运用辩证思维的方法时，也必须以客观现实为基点，依据客观现实的矛盾变化来引导我们的认知过程。保持观察的客观性是辩证思维必须遵守的基本法则，我们应当反对任何使辩证思维脱离实际、沦为纯粹主观思辨的做法。正如恩格斯所说："对于现今的自然科学来说，辩证法恰好是最重要的思维形式，因为只有辩证法才为自然界中出现的发展过程，为各种普遍的联系，为一个研究领域向另一个研究领域过渡提供类比，从而提供说明方法。"①

辩证法和辩证思维方法在自然科学家的研究成果中扮演着极其重要的角色。英国科学家、科学史家贝尔纳在读了恩格斯的《自然辩证法》后强调："到现在我们才开始认识到马克思和恩格斯创造了一种威力有多么大的方法，以及为了能够把自然界和人类世界当作一个发展过程来认识，这个方法是多么迫切需要！"② 日本物理学家坂田昌一是一位自觉地接受马克思主义指导的科学家。他认为："真正能有益于科学发展的唯一的哲学就是唯物辩证法。"③ 他论证指出，现代理论物理学的发展方式是辩证法的，而它的立场是唯物主义的。"以往的物理学家片面地只相信实证的方法"，而"第一流的科学家都根据自然辩证法写出不少优秀论文"，近代科学的伟大成就已经证实了自然辩证法。④ 他所提出的探索"基本粒子"内部结构的第一个物理模型"坂田模型"，正是自觉运用唯物辩证法指导的结果。"恩格斯的这部著作，在我40余年的科学研究生活中，始终为我的研究工作不断地投射出瑰宝一样的光彩。""列宁于1908年所出版的《唯物论与经验批判论》这部著作，是作为关于现代科学方法论的经典，同恩格斯的《自然辩证法》一书一起，在今天愈益放射出它的灿烂夺目光彩。"⑤

① 《马克思恩格斯选集》第3卷，人民出版社，2012，第874页。
② 〔英〕贝尔纳：《历史上的科学》，伍况甫等译，科学出版社，1959，第606页。
③ 〔日〕坂田昌一：《坂田昌一科学哲学论文集》，安度译，知识出版社，1987，第10页。
④ 〔日〕坂田昌一：《坂田昌一科学哲学论文集》，安度译，知识出版社，1987，第22页。
⑤ 〔日〕坂田昌一：《坂田昌一科学哲学论文集》，安度译，知识出版社，1987，第314页、第316页。

二 辩证法的基本理论形态及其演变

探讨辩证法的形态，其理论旨趣在于从其他各种辩证理论中挖掘思想精髓，以此作为营养来充实和推进唯物辩证法的理论体系。从辩证法的本质内容上讲，辩证法的类型大致有：唯物辩证法和唯心辩证法，客观辩证法和主观辩证法，自然辩证法和历史辩证法。从辩证法的发展形态来看，辩证法可以分为古代朴素辩证法、近代唯心主义辩证法和马克思主义唯物辩证法三种理论形态或三个历史发展阶段。

（一）古代朴素辩证法

古代朴素辩证法是辩证法历史发展中的最初形式，它呈现出一种天然而未经雕琢的特质，因此它只能够零星地散布在各类文献作品中。

在古希腊哲学家中，德谟克利特、赫拉克利特等唯物主义者贡献了丰富的辩证法思想，这些思想以格言、警句、比喻的形式流传至今。古代朴素唯物主义和朴素辩证法的自发结合，不仅体现了唯物主义与辩证法结合的合理性和优点，为人类认识世界提供了一个正确的出发点；同时也存在着朴素性、直观性的局限性和欠缺。

赫拉克利特进一步丰富了米利都学派的辩证法思想，首次把"逻各斯"作为哲学范畴来运用，为后人提供了异常丰富的朴素辩证法思想。他指出："这宇宙，对万物（或每一物）是同样的，不由神或人制作，从前是，现在是，未来也是永活的火，按尺度点燃，按尺度熄灭。"[1] "相反者相连，不同中有最美的调和，万物生于不和。"[2] "灵魂的逻各斯自行生长。"[3] 德谟克利特也说过："真实的本原是原子和虚空；其余的一切都是意见、假象。"[4] 德谟克利特把必然性看作现实

---

[1] 吴雅凌：《赫拉克利特与诗人（下）》，《上海文化》2023年第1期。
[2] 吴雅凌：《赫拉克利特与诗人（下）》，《上海文化》2023年第1期。
[3] 吴雅凌：《赫拉克利特与诗人（下）》，《上海文化》2023年第1期。
[4] 《马克思恩格斯全集》第1卷，人民出版社，1995，第21页。

性的反思形式。① "所有的一切，不论过去的、现在的或将来的，自古以来就完全是由必然性所预先规定的。"② 德谟克利特自己坦率地说："我发现一个新的因果联系比获得波斯国的王位还要高兴！"③ 在德谟克利特看来，深入学习辩证法的智慧，会让我们的灵魂更加幸福。

与赫拉克利特同时期，苏格拉底、柏拉图、芝诺、智者学派、毕达哥拉斯、亚里士多德等哲学家的论断也包含着朴素辩证法思想。柏拉图是第一个留下大量著作的哲学家，他不仅首次引入"辩证法"这一术语，还将之提升到哲学的高度，尽管如此，他的辩证法也是尚未形成一个完整的系统。至于亚里士多德，虽然他是形式逻辑的奠基人，但是他的辩证法仍然保持着一种朴素的、零散的状态，没有形成系统化的结构。

（二）近代唯心主义辩证法

德国古典哲学家康德、黑格尔都极大地发展了思维辩证法和概念辩证法，有力推动了辩证法的发展。

黑格尔的辩证法理论独树一帜，在哲学史上地位显赫。恩格斯在《路德维希·费尔巴哈和德国古典哲学的终结》一书中引用了黑格尔在《法哲学原理》序言中的这句话"凡是现实的都是合乎理性的，凡是合乎理性的都是现实的"④，批判了黑格尔哲学的唯心主义辩证法。在恩格斯看来，这个命题是包含着革命的辩证法思想，第一次在哲学方法上反思了现实存在，但"革命的方面就被过分茂密的保守的方面所窒息"⑤，因而是头足倒置的思想，即不是事物的"现实性"决定了其"合理性"，而是事物的"合理性"预先决定了其"现实性"。他的辩证法之所以是颠倒的，是因为辩证法在黑格尔看来应当是"思

---

① 《马克思恩格斯全集》第1卷，人民出版社，1995，第25页。
② 《马克思恩格斯全集》第1卷，人民出版社，1995，第71页。
③ 《马克思恩格斯全集》第1卷，人民出版社，1995，第27页。
④ 《马克思恩格斯文集》第4卷，人民出版社，2009，第268页。
⑤ 《马克思恩格斯文集》第4卷，人民出版社，2009，第271页。

想的自我发展",因而事物的辩证法只是它的反光。马克思恩格斯称黑格尔哲学为头足倒置的辩证法,列宁称黑格尔哲学为聪明的唯心主义。

近代唯物主义者们也提出了许多与古代相同或相似的朴素辩证法思想,并存在着大量的对物质世界辩证本性的描述。虽然当时的科学进展限制了思维模式,导致形而上学的观点占据了一定地位,但物质世界的辩证性质还是在人类思想中持续得到了体现。虽然相较于古希腊时期,近代唯物主义者在辩证法方面的理解并没有出现质的飞跃,但将唯物主义与辩证法结合的思想传统依然被保持和弘扬。

(三) 马克思主义唯物辩证法

马克思主义唯物辩证法代表着人类辩证法思想史上迄今为止的最高成就。马克思主义唯物辩证法理论把被黑格尔颠倒的东西再颠倒过来,将辩证法坚实地置于物质基础之上,并克服了古代和近代唯物主义的局限,实现了包括辩证法理论在内的全部人类哲学思想的伟大变革。因此它的形成过程与全部马克思主义的产生过程具有一致性。它既不是一个永恒不变、绝对的真理体系,也从未阻止人们对真理的追求,相反却为人们追求真理提供了一种科学的思维方法。

马克思主义唯物辩证法的本质就在于,从现实实践出发,通过对这个实践的科学理解为中介,去揭示人与世界之间的矛盾关系,从而达到对思维与存在、个别与一般、人与世界之间的否定性统一的辩证理解,并提供一种深植于实际历史的视角,通过这种视角可以深入观察和分析整个人类生活中的矛盾动态及其规律和发展趋势,提炼出指导生活的智慧。它具体表现在以下方面。首先,马克思主义唯物辩证法是基于人的根本存在方式来揭示思维与存在、个别与一般、人与世界之间的否定性统一的否定性辩证法。其次,马克思主义唯物辩证法是运用从后思索的方式揭示现实的发展规律和趋势的历史性辩证法。最后,马克思主义唯物辩证法对现存的一切进行无情的批判,体现出彻底的革命性辩证法的本质。

因此，马克思主义唯物辩证法是一种立足于现实实践的、以否定性本质为基础，进而探索并揭示世界观的矛盾运动的新世界观，即它不是把关于世界的物质统一性原理作为一种无条件的承诺，而是始终把基于现实实践和历史发展的科学理论作为其推理的前提，从而深刻理解人类社会生活的矛盾、发展规律及其演变趋势，并提供相应的生活智慧。

马克思主义唯物辩证法自诞生之日起就一直处于不断的发展之中：发展的客观依据在于物质世界的辩证性质；发展的内在动力在于唯物辩证法的批判本性；发展的根本途径则是人类实践；发展的具体途径是在现代科学的推动下发展，在无产阶级革命和社会主义建设的实践中发展，在人类文明新成果的基础上发展，在同各种错误思潮的斗争中发展，在理论研究中发展……这就体现了马克思主义唯物辩证法与时俱进的品质。

三 辩证唯物主义的辩证法思想

坚持辩证唯物主义的辩证法思想，就是要求人们坚持关于辩证法的基本立场、观点和方法，切实立足于认识和推动实践发展。

（一）始终要坚持唯物主义的观点

"世界的真正的统一性在于它的物质性"[①]，物质的存在既具有客观性，也具有辩证性，即客观实在性是以联系、运动和矛盾的性质和形式存在的。物质具备并显现辩证法，辩证法存在并依赖于物质，辩证法也是不以人的意志为转移的客观存在，联系、运动、变化、质变、量变、必然与偶然等，从本质上说都是客观事物自身的性质。辩证法首先是客观的法则、性质和规律，其次是人对它们的主观反映，最后才成为人的思维方法即严谨的理论形态的辩证法。

辩证法是人类探索和发现的对象，而非人为创造的产物。人类对

---

① 《马克思恩格斯文集》第9卷，人民出版社，2009，第47页。

辩证法的探索过程本身也遵循着辩证原则。在人们揭示辩证法的过程中，各种关于辩证法的思想和理论是对这一探索历程中不断尝试和成果的记录；随着对辩证法理解的不断深化，人类辩证法的理论表达也日益正确，理论体系也愈发完善和精细。

辩证法只能够发现和遵守而不能违背。发现和遵守辩证法有利于正确认识物质世界，违背则不利于揭示物质世界的发展规律。虽然辩证法的理论框架是人类智慧的产物，但归纳出这一框架的基础和前提是对物质世界的真实映射和深刻总结。理论创新是否正确以及正确的程度，取决于理论自身是否符合物质世界的本来面目以及符合的程度。

（二）牢牢把握辩证法的实质与核心

第一，辩证地理解辩证法。辩证法作为思维和认识的固有本性，人们在表象意识的水平上可以确认并证实事物之间的外在变化，然而，作为哲学世界观和理论思维方式的辩证法并不仅仅是在表象意识、经验常识的水平上承认事物的联系和变化，而是要提供"理解一切现存事物的'自己运动'的钥匙"，才能"理解'飞跃'、'渐进过程的中断'、'向对立面的转化'、旧东西的消灭和新东西的产生的钥匙"。[1]

古希腊唯物主义者关于物质运动变化的各种表述，只停留在表象意识和经验常识的层面，他们尚未深入理解"自己运动""飞跃""转化"等深刻内涵，因此，无法应对"否定运动"的芝诺悖论提出的挑战，他们只是直观感受到了物质世界的联系和变化，还没有形成真正能够认识运动和说明运动的"辩证法"。近代唯物主义虽然坚持了"既物质又运动"的世界观，但未实现思维方式的根本突破，思维方式依然属于形而上学唯物主义。黑格尔则因为全面、系统、深入地阐释了概念的辩证运动，被誉为辩证法的大师。列宁甚至称黑格尔为聪明的唯心主义，认为它比愚蠢的唯物主义更接近于聪明的唯物主义[2]。

---

① 《列宁全集》第 55 卷，人民出版社，2017，第 306 页。
② 《列宁全集》第 55 卷，人民出版社，2017，第 235 页。

第二，必须牢牢地掌握并始终坚持对立统一这一实质和核心。马克思主义的唯物辩证法理论把对立统一看作宇宙的根本法则，并从物质世界自身出发揭示这一法则的深层含义，将对立统一规律确定为辩证法的实质和核心，为辩证法的理解和研究提供了关键性的方法论。"事物的矛盾法则，即对立统一的法则，是唯物辩证法的最根本的法则。"① 只有通过这把钥匙，我们才能认识到事物是由矛盾构成的，联系是由矛盾建立的，变化是由矛盾引起的，从量变到质变、从肯定到否定再到否定之否定的演进过程，都是由矛盾所促成的。要想熟练使用这把钥匙，人们必须确立辩证思维方式，才能够提高从对立中把握统一的能力。这意味着通过揭示事物内在的矛盾，我们能够理解物质与意识、存在和思维、运动和静止、有限和无限、普遍和特殊、一般和个别、绝对和相对等极其复杂多样的矛盾关系，并不断减少认识与客观现实之间的差距。

第三，需要运用辩证法的基本准则来反观其自身，要用联系和发展的方法研究和阐释辩证法。同时，要用发展的视角来探讨辩证法自身的演进问题。也就是说，要用联系的观点揭示辩证法是世界观、认识论和方法论的统一，是客观辩证法与主观辩证法的统一。物质世界的进步体现了客观辩证法的不断演进。这种发展是永恒的、持续不断的，这种发展既是不以人的意志为转移的，又从根本上决定了主观辩证法的批判本性及其发展。我们认识到辩证法是以上诸方面的统一，认识到这是马克思主义唯物辩证法理论对传统辩证法的超越，是人类对辩证法思想理解的新高度。

唯物辩证法作为迄今为止辩证法发展的最高阶段，仍然随着实践发展而不断得以丰富。这种丰富可以从多种途径、通过多种具体形式来体现，包括对客观规律的深入研究、进一步发掘经典作家思想精华、对具体科学新成果的概括提炼、理论体系的优化、新范畴的建立、对

① 《毛泽东选集》第1卷，人民出版社，1991，第299页。

重大现实问题的解释以及回应各种新兴挑战。

（三）推动人与世界关系的深入发展

人和世界的矛盾关系极其纷繁多样。第一，世界本质上是独立于人的外部存在的，但它同时通过联系和变化向人敞开自己，因此可供人认识和改造。人存在于世界中，人的生活、发展过程既依赖自然又对自然不满，总要通过目的性的活动使自在世界转化为属人世界。离开人与世界的关系、离开人的实践，主观辩证法就不会产生，客观辩证法也会毫无价值和意义。第二，这也是由实践自身的辩证本性决定的。实践是一个充满矛盾的动态系统，它自身的矛盾要求人们辩证地理解实践，同时也能够更好地理解和掌握唯物辩证法。"从感性认识而能动地发展到理性认识，又从理性认识而能动地指导革命实践，改造主观世界和客观世界。实践、认识、再实践、再认识，这种形式，循环往复以至无穷，而实践和认识之每一循环的内容，都比较地进到了高一级的程度。这就是辩证唯物论的全部认识论，这就是辩证唯物论的知行统一观。"① 总之，马克思主义唯物辩证法理论源于实践，指引着实践，又不断推动着实践的发展，必须坚持唯物地、辩证地、实践地来理解唯物辩证法本身，这样才能够推动唯物辩证法随着时代的发展而不断得以发展。

四 马克思主义唯物辩证法的创立与发展

唯物辩证法是马克思和恩格斯亲手创立的，并在不同时代背景下和不同国度里实现了丰富和发展。

（一）马克思主义唯物辩证法的创立

第一，19 世纪 40 年代是马克思主义唯物辩证法的形成时期。

1844 年，马克思在《德法年鉴》上首次阐述市民社会是国家形成

---

① 《毛泽东选集》第 1 卷，人民出版社，1991，第 296~297 页。

因素的唯物主义理念，预示着一种全新的历史观念的诞生。在《1844年经济学哲学手稿》中，他尝试从经济关系的角度探寻共产主义的必然性，奠定了马克思主义唯物辩证法的形成基础。《关于费尔巴哈的提纲》《德意志意识形态》都明确主张通过生产力和生产关系的辩证关系来解释人类社会的发展，建构未来共产主义社会，这为马克思主义唯物辩证法创立奠定了历史唯物主义基础。《共产党宣言》则标志着包括马克思主义唯物辩证法在内的马克思主义科学世界观和方法论的诞生。

第二，1848~1871年是马克思主义唯物辩证法在革命实践和政治经济学研究中的运用和发展时期。

马克思恩格斯运用他们的辩证法指导了1848年的欧洲革命和1871年的巴黎公社革命运动这两个革命运动。这些实践使马克思主义唯物辩证法经受了检验并且得到了发展。1859年，马克思在《〈政治经济学批判〉序言》中，集中阐述了历史辩证法的基本观点。

《资本论》更是一部宏伟的马克思主义唯物辩证法的著作。马克思在1873年撰写的《资本论》第一卷第二版跋中提出两个重要论断，至今仍然被人们视为研究唯物辩证法根本的指导思想。其一，"观念的东西不外是移入人的头脑并在人的头脑中改造过的物质的东西而已"[1]。其二，"辩证法在对现存事物的肯定的理解中同时包含对现存事物的否定的理解，即对现存事物的必然灭亡的理解；辩证法对每一种既成的形式都是从不断的运动中，因而也是从它的暂时性方面去理解；辩证法不崇拜任何东西，按其本质来说，它是批判的和革命的"[2]。这也说明，《资本论》本身就是深刻阐释唯物辩证法的不朽经典：在探讨商品、劳动、价值、货币、资本等概念时，随处可见唯物辩证法关于质、量、度、矛盾、否定，由现象到本质、由抽象到具体、

---

① 《马克思恩格斯文集》第5卷，人民出版社，2009，第22页。
② 《马克思恩格斯文集》第5卷，人民出版社，2009，第22页。

逻辑和历史相统一等原理和方法从理论到实践的运用。剩余价值理论也体现了运用唯物辩证法来分析资本主义生产方式的结果。

第三，1871～1885 年是马克思主义唯物辩证法的进一步系统化时期。

唯物辩证法和历史辩证法是同步发展起来的。从形式上说，唯物辩证法体系的最终确立主要是恩格斯于 19 世纪 70 年代之后完成的。他在《反杜林论》《自然辩证法》《费尔巴哈论》等著作中，奠定了马克思主义唯物辩证法的框架，为马克思主义唯物辩证法的系统化作出了重大贡献。恩格斯的贡献表现在以下几个方面。

恩格斯表述了唯物辩证法的定义。其中最经典的就是在《反杜林论》中的那句话："而辩证法不过是关于自然界、人类社会和思维的运动和发展的普遍规律的科学。"[1] 他在《自然辩证法》中还说："辩证法的规律无论对自然界中和人类历史中的运动，还是对思维的运动，都必定是同样适用的。"[2] 之后在《路德维希·费尔巴哈和德国古典哲学的终结》中，恩格斯强调："辩证法就归结为关于外部世界和人类思维的运动的一般规律的科学，这两个系列的规律在本质上是同一的。"[3]

恩格斯论述了唯物辩证法的规律。在《自然辩证法》中，恩格斯全面论述指出，辩证法的规律是从自然界的历史和人类社会的历史中抽象出来的；它们可归结为量转化为质和质转化为量的规律、对立的相互渗透的规律、否定的否定的规律[4]。它们对自然界、人类历史和思维运动都是同样适用的，并且可以被认识出来。恩格斯在这一著作中还论述了物质世界的普遍联系，物质和运动的关系，宇宙是无限的进步过程，运动的基本形式，自然科学领域的矛盾状况，共性和个性的关系，量和质、否定之否定，客观辩证法和主观辩证法的含义和相

---

① 《马克思恩格斯文集》第 9 卷，人民出版社，2009，第 149 页。
② 《马克思恩格斯文集》第 9 卷，人民出版社，2009，第 539 页。
③ 《马克思恩格斯文集》第 4 卷，人民出版社，2009，第 298 页。
④ 《马克思恩格斯文集》第 9 卷，人民出版社，2009，第 463 页。

互关系，等等。

恩格斯在《反杜林论》中不仅分析了形而上学思维方式产生的根源、特点和谬误，还明确了辩证法与形而上学的差异。恩格斯认为，形而上学思维方式源于培根和洛克将当时把各种自然物和自然过程孤立起来考察的自然科学的研究方法应用于哲学领域①，这种方式的特点是在完全对立的概念之间进行思考；然而，辩证法的观点是，对立的两个极端是密不可分且相互渗透的，自然界是检验辩证法的试金石，因为自然界的一切现象最终都是以辩证的方式完成的，而不是形而上学地发生的。

恩格斯在《反杜林论》中阐述了人类认识的辩证法。他强调了人的思维具有超越性又具有局限性，人的认识能力既有界限又是无限的。思维的超越性是通过我们这些思维有限的人逐步实现的；认识本质上是相对的，并逐步趋于完善；真理和谬误的对立是相对的，二者可以相互转化，等等。

恩格斯在论述唯物主义原理时也提出了一些历史辩证法思想。在历史辩证法方面，恩格斯利用摩尔根提供的资料来完善关于原始社会的理论，从而填补了历史辩证法研究的空白，还进一步探讨了社会存在和社会意识的关系，经济基础和上层建筑的辩证关系，以及推动社会发展的动力等方面的问题。

由此可见，恩格斯对唯物辩证法乃至整个马克思主义基本原理的贡献是巨大的，其功绩不容抹杀。

（二）列宁对唯物辩证法的发展

列宁对辩证法问题的精彩论述集中在《哲学笔记》中的《黑格尔〈逻辑学〉一书摘要》《谈谈辩证法问题》部分，以及《马克思主义的三个来源和三个组成部分》《卡尔·马克思》《唯物主义和经验批判主义》等著作中，对自然辩证法、历史辩证法、认识辩证法和一般辩

---

① 《马克思恩格斯文集》第9卷，人民出版社，2009，第24页。

证法的丰富和发展都作出了巨大贡献。其中，我们可以把《哲学笔记》视为列宁辩证法思想的代表作。

第一，列宁论述了辩证法的定义和唯物辩证法发展学说的特点。

辩证法被他视为关于发展的最全面、深刻并且没有片面性缺陷的学说，人们通常认为列宁的这一定义是对恩格斯定义的补充和完善。列宁阐述了唯物辩证法发展学说的特点，即认为发展是在更高阶段上重复过去的阶段，发展是按螺旋式而非直线式进行的。发展是飞跃的、巨变的、革命的，是渐进过程的中断，是量到质的转化，事物内部各种力量和趋势的矛盾冲突造成发展的内因，事物的各个方面相互依存形成统一的有规律的世界运动过程，等等。

第二，列宁指出了辩证法的核心和最主要的特征。

列宁在哲学史上首次明确提出，对立统一规律是辩证法的实质和核心。他将辩证法要素概括为 16 个方面（包括事物的联系和发展、因果性、否定之否定等），并指出这些要素中的核心和最主要的特征。他认为，"可以把辩证法简要地规定为关于对立面的统一的学说。这样就会抓住辩证法的核心"①。随后，列宁又进一步强调，将统一物划分为两个部分以及理解这些部分之间的矛盾关系是辩证法的实质和最主要的特征。对立面的统一是受条件限制的、暂时的、易逝的、相对的，而对立的斗争则是绝对的，正如发展与运动本身的绝对性一样。

第三，列宁提出了发展命题，即发展是对立面的斗争和统一，并介绍了两种不同发展观点。②

第一种观点将发展理解为简单的减少和增加，是重复的，忽略了事物自己运动的动力和源泉或将其归因于某种神秘力量的推动，这种理解是僵化的、贫瘠的、枯竭的；第二种观点就认为发展是对立面的统一，这一观点关注揭示事物自身运动的根源，因此它是充满活力的，

① 《列宁全集》第 55 卷，人民出版社，2017，第 192 页。
② 《列宁全集》第 55 卷，人民出版社，2017，第 306 页。

并且为我们理解事物的发展过程提供了关键的见解。

第四，列宁通过分析马克思在《资本论》中运用的辩证方法，阐述了个别和一般的关系。

列宁认为对立面是同一的，个别现象与普遍规律相互联系并共存，而普遍规律只能通过个别现象来体现和存在。"一般只能在个别中存在，只能通过个别而存在。"①

第五，列宁提出了辩证法也是认识论的论断，指出了唯心主义的认识论根源。

列宁认为，辩证法是内在于人类所有认识活动中的，它是一种充满活力和多样性的认识方式。他阐明了人类认识的辩证过程，这个过程是从生动的直观到抽象的思维的转化，再从抽象的思维回归到实践的运动中。此外，他还指出了人类认识的非直线性特征，即它无限地接近于一系列环环相扣的圆圈、类似于螺旋曲线的形态。形而上学唯物主义的根本问题在于未能把辩证法运用于反映论、应用于认识的过程和发展。这种思维方式的直线性、片面性、刻板和僵化、主观主义和主观盲目性，最终导致了唯心主义认识论的产生。

第六，列宁以《资本论》的写作为例提出了辩证法、认识论和逻辑学三者一致的观点。

列宁指出："在《资本论》中，唯物主义的逻辑、辩证法和认识论不必要三个词：它们是同一个东西都应用于一门科学，这种唯物主义从黑格尔那里吸取了全部有价值的东西并发展了这些有价值的东西。"② 在列宁看来，辩证法、认识论和逻辑学实际上是同一个东西的不同表述，共同构成了唯物辩证法的核心内容，即事物的辩证法推动了观念的辩证法，而不是观念的辩证法影响事物的辩证发展。

第七，列宁揭示了认识论中真理发展的辩证法，作出相对真理的

① 《列宁全集》第55卷，人民出版社，2017，第307页。
② 《列宁全集》第55卷，人民出版社，2017，第290页。

总和构成绝对真理的论断。

列宁主张，在相对真理和绝对真理之间，并不存在不可逾越的鸿沟。这两种真理之间的差异是不确定的，这种不确定性有助于防止科学演变为固执且狭隘的教条主义，避免变为某种僵死的停滞不前、固定不变的东西。与此同时，这种差异也是明确的，以便同信仰主义、不可知论、唯心主义和诡辩论划清界限。人类对客观真理的认知受到历史条件的限制，但这个真理本身是不受限制的，人向它的接近也是无条件的。实践标准既是不确定的，以便不至于使得人的知识变成"绝对"；同时又是确定的，以便同唯心主义和不可知论及其一切变种进行斗争。

列宁对辩证法理论体系的建构和发展作出了重大贡献，提出的论断和命题简明而且深刻，极大地推动发展了马克思主义唯物辩证法。

（三）毛泽东对唯物辩证法的贡献

毛泽东的辩证法思想是马克思主义唯物辩证法在中国的具体实践和发展，它体现了以毛泽东为代表的中国共产党人的独特贡献，在马克思主义唯物辩证法史上和中国哲学辩证法史上具有特别重要的地位。

首先，毛泽东对马克思主义唯物辩证法的主要贡献表现在以下几个方面。

第一，赋予了"实事求是"新的含义。他唯物辩证地论证和回答了哲学基本问题，深刻地反映了马克思主义唯物辩证法的精神实质，成为中国共产党思想路线的核心。

第二，一切从实际出发和调查研究的思想。这是中国革命长期的实践经验和认识经验的科学总结，也是对马克思主义唯物辩证法的唯物论基础的简明、通俗的表述。

第三，全面系统地论述了认识的理论。在实践认识论方面，毛泽东全面系统地论述了认识的源泉、认识的辩证过程、认识的目的、真理的检验标准等问题。他强调正确的认识的形成和发展需要是在由实践到认识，再由认识到实践的多次反复循环中形成和发展的。同时，他提出人类的历史就是一个不断从"必然王国"向"自由王国"发展的过程。

第四，在探讨普遍辩证法的方面，集中论述了对立统一规律。毛泽东对唯物辩证法的理论贡献主要在于对这一原则的深入阐述。毛泽东在唯物辩证法史上首次强调了矛盾的普遍性和特殊性关系问题是矛盾问题的精髓；对矛盾的特殊性问题作了详尽的阐发；结合中国革命和建设的新经验，论述了对立面的结合、总的量变过程中的部分质变等重要思想。在唯物辩证法史上，《矛盾论》的相关内容具有开创性的意义。毛泽东还把对立统一规律应用于指导革命和建设工作，深入阐述了革命实践中一系列的辩证关系，形成了丰富的推动实际工作的辩证法。这些特定的辩证法既是唯物辩证法的实际运用和具体化，同时又构成各个相互独立的领域。这些特定领域的辩证法不仅在具体情境中应用了唯物辩证法，而且从各个角度丰富和发展了唯物辩证法。

第五，在历史辩证法的研究中，核心内容是对社会基本矛盾的思想的探讨。毛泽东深入阐释了社会基本矛盾是推动历史前进的核心动力这一理念，并提出了关于社会主义社会矛盾问题的科学理论体系。尤其是关于社会主义社会存在两类不同性质的矛盾的学说，把唯物史观和马克思主义认识论统一起来，为党的群众路线在所有工作中的应用提供了理论基础。

第六，提出了丰富的有关实际工作的原则和方法。毛泽东运用马克思主义唯物辩证法提出了一系列人民军队建设和人民战争的战略指导原则，同时，他发展出了一整套用于指导实践的思想方法、领导方法和工作方法。此外，毛泽东主张让哲学知识从书本里和教室中走出来，转变为广大民众掌握在手里的尖锐武器。例如，毛泽东将对立统一规律应用于统一战线工作的研究，并结合中国革命统一战线的具体情况，为我党确立了"既联合又斗争"[1]，"既统一，又独立"[2]，"具

---

[1]　转引自《冯定文集》第2卷，人民出版社，1989，第58页。

[2]　《毛泽东选集》第2卷，人民出版社，1991，第540页。

体分析，区别对待"① 等一系列处理统一战线内部矛盾的基本原则。

毛泽东的辩证法思想渗透于他的所有作品中，无论是对理论的专门阐释，还是将理论应用于具体问题分析，辩证法都是其思想的核心。例如，《毛泽东哲学批注集》中收录了毛泽东在辩证法理论诸方面的独到见解和深入阐述。这些都是马克思主义唯物辩证法史上具有独创意义的贡献。

其次，毛泽东辩证法思想的主要特点如下。

毛泽东辩证法思想根据中国历史的独特性质和革命的实际需求，为马克思主义唯物辩证法宝库贡献了众多创新元素，从而充实和推动了马克思主义唯物辩证法的进步。毛泽东辩证法思想的主要特点有以下几个方面。

第一，典型的实践辩证法。

毛泽东围绕实际工作中产生的重大问题，阐释了唯物辩证法的核心原则，并以此指导实践，进而通过实践来充实和推进辩证法原理的发展。在新民主主义革命时期，毛泽东通过多种方式对全党成员特别是领导层进行唯物辩证法的培训。进入社会主义建设时期，他提出并促进了全国人民学习和应用唯物辩证法的高潮，虽然在这一过程中出现了把唯物辩证法过分简单化、实证化的趋势和做法，但是对于唯物辩证法理论在群众中的广泛传播和深入人心产生了显著的影响。

第二，毛泽东辩证法思想是在中国共产党内部特别是与教条主义主观错误倾向的斗争中逐步形成和发展起来的。

第三，坚持理论联系实际的原则，毛泽东辩证法思想是关于中国共产党人思想路线和思想方法、工作路线和工作方法的辩证法。

第四，毛泽东辩证法思想在表述形式上富有中华民族特色，具有中国作风和中国气派，通俗易懂，被中国人民大众所喜爱。

毛泽东辩证法思想是马克思主义中国化的结晶，毛泽东辩证法思

---

① 转引自《李先念年谱（1964-1969）》第 4 卷，中央文献出版社，2011，第 581 页。

想对中国过去、现在和未来的社会发展都有巨大的指导作用。

第二节　中国传统哲学中的辩证法思想

马克思主义能够在中国生根发芽，是因为其与中国古代的辩证法思想有契合之处。中国古代辩证法思想博大精深，是中国传统哲学的精华，也是人类辩证法思想的重要组成部分，千百年来作为一种思维方式和思维传统，不仅塑造了中国人民的思维方式和行为规范，也为马克思主义中国化提供了思想支撑。所以，我们要深入了解和传承这些思想，不能浅尝辄止或漠然置之。不断汲取中国古代辩证法思想是中国共产党推动马克思主义唯物辩证法中国化的重要保证。

一　中国古代辩证法思想的基本原理和方法

中国古代辩证法思想的内容极其丰富，可以从不同角度进行划分和概括，若从思想上来把握的话，则大致包括以下几个方面。

第一，关于变化的思想：易穷则变，变则通，通则久。《易传》："动静有常，刚柔断矣。"古人承认一切事物都处于运动之中，整个宇宙是包含无穷之大流；宇宙包含规律，规律称为"常"，意即变中不变。

第二，关于阴阳五行的思想：一阴一阳之谓道。和实生物，同则不继。我们知道，中国在公元前 11 世纪就产生了早期的阴阳学说。阴阳二字最初的意义指的是自然界有阳光照射或无阳光照射的现象。《黄帝内经》用阴阳二气来说明人体生命的本质动力、生理功能、病理变化及诊断治疗。例如，《素问·阴阳应象大论》中提到的："故清阳为天，浊阴为地。""故天有精，地有形，天有八纪，地有五里，故能为万物之父母"。《素问·宝命全形论》中提到："人以天地之气生，四时之法成。"其中把阴阳看作"天地之气"，看作自然界中两种基本的、相互区别又相互联系的物质，认为它们的运动变化是自然变化的原因。这是迄今所见最早的明确具有哲学范畴意味的阴阳概念的文献记载。可见，阴阳学说认为，世界是由阴阳二气构成的，一切事物的变化都与阴阳二气这两个对立面的相互作用分不开。因此中国的先哲很早就用"阴阳互补""相依相持"来概括事物的基本联系了。

《易传》简明地提到："一阴一阳之谓道。"把阴阳看作宇宙的根本规律和最高原则，把一切相对的、矛盾的事物关系都看作阴阳关系，并认为"刚柔相推，变在其中焉"，即阴阳两种力量的相互作用推动事物的变化发展。这些论述被认定为阴阳范畴完善成熟的标志。《周易》则是在其神秘的形式中蕴含着比较深刻的理论思维和辩证思想，它就是从正反两面的矛盾对立来说明事物的变化和发展的。《易经》中有中国古代辩证法思想的萌芽，因而它在中国哲学史上具有重要地位。

《老子》《孙子兵法》也反复阐明了对立面相互关联和相互转化的思想。《老子》提出：有无相生，难易相成，长短相形，高下相倾，音声相和，前后相随。他只讲对立面的同一性，不讲对立面的斗争性，回避矛盾的急剧转化。可见中国古代哲人的这些辩证法思想都只是以朴素的形式对客观事物辩证法的天才猜测。

与阴阳学说几乎同步的五行学说可以说是中国古代辩证法思想的优秀体现。"五行"的概念是古人在生活中形成的，五行的说法首先出现在《尚书·洪范》中："一曰水，二曰火，三曰木，四曰金，五曰土。水曰润下，火曰炎上，木曰曲直、金曰从革，土爰稼穑。润下作咸，炎上作苦，曲直作酸，从革作辛，稼穑作甘。"

五行学说的起源有多种说法，其中较为合理的一种是将五行与"五功"相联系，即水、火、木、金、土五种基本生产要素，特别是与农业生产密切相关，五行的顺序也与农业生产的规律相吻合。史伯在西周时期就提出了五行的思想："故先王以土与金、木、水、火杂，以成百物。""和实生物，同则不继。"这是说，单一的元素不能构成世界，只有不同的元素相互结合才能产生万物。战国时期，五行学说得到了广泛的发展，认为世界是由水、火、木、金、土五种最基本的物质组成，自然界的一切事物和现象，包括人类，都是这五种物质不断运动和相互作用的结果。董仲舒阐述了五行相生的规律，即木能生火，火能生土，土能生金，金能生水，水能生木，而五行相克的规律则是：木能克土，土能克水，水能克火，火能克金，金能克木。这样，五行就形成了一个循环的相生相克的系统。邹衍首次将阴阳说和五行说结合起来，并进行了创造性的发展。他的"五行生胜说"已经包含了对立统一的思想。

五行说的演进包括五行相杂说、五行相胜说、五行相生说、五行生胜说等形式或阶段。中国古代思想家认为，五行之间是循环相胜的，即水胜火、火胜金、金胜木、木胜土、土胜水。水胜火，即水能够灭火；火胜金，即火能够熔化金属；金胜木，即金属制作的刀可以砍伐树木；木胜土，即木在生长过程中，它的根能够深深扎入土地中；土胜水，即用土筑成堤坝，可以阻挡洪水。后来，中国古人又提出"五行无常胜"的思想，认为在一般情况下，五行是相胜的，但是在特殊情况下，又可能出现例外。例如，在一般情况下，水可以胜火，但是在杯水车薪的情况下，水就不能胜火。

中国先哲还用"天地人并立，万物一体"来说明人与天地万物在本原上的统一性。不论先哲们如何解释人与天地万物的本原，其辩证联系的意蕴是显而易见的。

第三，关于矛盾的思想：物生有两；一分为二、合二而一。矛盾一词最早出于《韩非子》关于自相矛盾的寓言中。春秋时晋国太史蔡墨（亦称史墨）提出"物生有两"的命题。一分为二的思想在老子、《易传》中已经清晰可见，隋代医学家杨上善明确提出"一分为二"的说法。在唐代刘禹锡那里矛盾概念已经开始具有辩证矛盾的意义。可见，中国传统哲学有着丰富的矛盾思想，常常用"有两""有对""两体"等来说明事物普遍创造着的矛盾，用"相反相成""相依相济""相生相克""一分为二""合二而一"等来阐明矛盾双方的辩证关系及其在事物运动发展中的作用。

第四，关于量变、质变和否定的思想：变言其著，化言其渐。关于量变、质变和否定的思想表现在老子的格言上："合抱之木，生于毫末。"宋代关于量变质变的思想又有所深入。张载："变言其著，化言其渐。"朱熹把"化"称为"渐化"，把"变"称为"顿变"，并揭示了二者的特点。

第五，关于中庸的思想：过犹不及，执两用中，中立不倚。在中国漫长的封建社会中，辩证法思想有了进一步的发展。中庸是孔子最早提出的哲学范畴。《中庸》重点发挥了孔子"过犹不及"的思想。北宋的张载提出了"一物两体"的辩证法思想，意思是说，世界是由物质性的"气"组成，"气"中包含着两个对立面；没有对立面的存在，就没有统一体，而没有统一体，对立面的作用也就消失了。他发展和丰富了古代的辩证法思想，并且在一定程度上把朴素唯物主义和辩证法结合起来。明末清初的王夫之认为，世界的本原是"气"，"气"是物质性的，"阴阳二气"普遍存在，一切事物都是"气"的表现形态。"气"只有"聚散变化"，不会消灭，他还以"变化日新""推故而别致其新"的说法，表达了事物不断更新的辩证思想。他的发展学说，尤其是他的矛盾学说具有重要的理论价值。

二 中国古代辩证法的特点

学术界认为，中国古代辩证法是行动辩证法，以阴阳五行和宇宙生成论为骨架统率其他的各种范畴，强调对立面的同一性而忽视斗争性；讲变化发展而未跳出循环论；中国辩证思维不以纯粹形式出现而体现为政治伦理思想，缺点是对自然科学未发生很大作用，优点则是有充实的现实内容。

除此之外，还有以下特点。首先，有实而无名，虽然有着丰富的辩证法内容，却无哲学家提出辩证法的名称。中国古代辩证法思想之丰富可谓举世无双，但是竟无一人提出辩证法的名称。中国古代辩证法既是宇宙观又是认识论和方法论，这与赫拉克利特和马克思主义唯物辩证法相类似。其次，历史悠久，一以贯之，没有明显的阶段性。中国古代辩证法思想的萌芽最早可以追溯到夏代，得出了"民惟邦本，本固邦宁"的观念。变化观、整体观、矛盾观成为中国古代哲学的基本观点。中国古代辩证法思想产生早，贯穿古今，这是中国哲学相对于西方哲学的优越性；而重整体轻部分、重变化轻静止、重和谐统一轻对立斗争、重综合轻分析等思想倾向，是中国古代辩证法思想的弊端。再次，较高水平的范畴概括、命题表达、论辩阐发。中国古代辩证法虽然也有朴素性、猜测性，但是同时也有较高水平的范畴概括和深入论证——表现在范畴的制定和运用上，如阴阳、两一、中庸等；表现在命题式的表达，如物生有两、一物两体、执两用中等，这些范畴和命题把人民日常生活的辩证法思想从一般到普遍，而且言简意赅，能够有效地指导人们的思想和活动；表现在论辩中阐发，从先秦到明清的思想家们围绕着天人、本末、体用、道器、心性、两一、一多、知行、形神、理欲、义利、王霸等诸多关系进行了长期的争辩，争辩各方的论点既相互诘难又相互启迪。作为论辩术或"助产术"的辩证法在中国古代思想中虽然无此专门名词但是却得到了普遍应用。最后，源于实践、影响实践、以政治实践为重点：对社会领域辩证性质的理解相当深刻。中国古代思想家的实践活动更为多样化，其理论的实践性或现实性也更为明显。墨家、农家、兵家辩证法中的许多思想分别来自手工业、农业生产实践和军事实践，又对这些实践活动产生影响。由于先秦时期社会矛盾状况，各家各派都非常重视社会政治领域，其代表人物或亲身参加或侧重研究政治活动，在这一过程中提出并阐述包括辩证法思想在内的政治哲学。如"非知之艰，行之惟艰"这一表达知行辩证关系的著名命题，是大臣傅说对商王武丁的告诫。中国古代辩证法思想能够一以贯之，与政治实践发展相伴随也是一个重要原因。自秦以后各代儒家主要人物的活动与思想也都具有浓厚的政治色彩。

除此之外，中国古代辩证法还有其他一些特点：思想发展呈现复杂性，总的来说是伴随时代而前进，但是又不能认为后人全面超越了前人；它是朴素辩证法，但是又有当时的天文学、地学、农学等自然科学做基础，并有一定的逻辑论证；它对自然事物辩证性质的认识是在实践启发下猜测到的，而对社会领域辩证性质的理解却是相当深刻；它既有符合实际的部分，又有背离实际的部分，总体上参差并存、正误共在；它在历史上对中国社会发挥了直接而广泛的作用，这一点它超过了西方辩证法；它在今天仍然影响中国和世界，并同时使得自身成为研究的对象；它未能像黑格尔辩证法那样成为马克思主义唯物辩证法的来源，却成为马克思主义中国化的思想基础。

第三节　现代系统科学方法论与马克思主义辩证法的关系

大学生学习的专业各式各样，但是要精通各个专业的知识与技能，不应该只看到本专业内部的单个情况而不看到各个知识技能之间的关系，也不应该只看到自己本专业的状况而不看到本专业与其他专业的关系等，否则就是没有联系思想、系统思想的表现。因此当代大学生非常有必要了解系统科学，了解系统科学与唯物辩证法的关系，特别是系统科学与矛盾学说之间的关系，以及一分为二与一分为多之间的关系等问题。

一　系统科学方法论与唯物辩证法的关系

一般系统论是由美籍奥地利生物学家贝塔朗菲在 20 世纪 30 年代基于现代科学提出的。贝塔朗菲在《一般系统论：基础、发展和应用》一书中引用著名数学家和信息论的奠基者沃伦·威弗的话评价了一般系统论："经典物理学在无组织的复杂事物的理论发展上是非常成功的。……这种无组织的复杂事物的理论最终归结为随机和概率定律以及热力学第二定律。相反，今天的基本问题是有组织的复杂事物。"① 贝塔朗菲说："我曾提出一种生物学的机体论概念，它强调把有机体作为一个整体或系统来考虑"②，他所做的"不妨简称为机体论革命，它的核心是系统的观念"③。一般系统论认为，系统是由多个要素构成的有机整体，要素是系统的基本单元；系统中的各个要素按照一定的结构方式组织在一起，形成具有一定功能的整体性存在，并与其周围环境相互作用形成统一的整体。系统的整体功能可能大于或小于各个要素的功能之和。系统的结构决定其功能，而功能也反馈其结构。也就是说，系统是由相互联系、相互作用的多个要素组成的具有稳定结构和特定功能的有机整体。系统具有整体性、结构性、层次性、开放性的特征。

系统论是研究现实系统或者可能系统的一般规律和性质的理论，而系统思想和系统概念古已有之。现代系统论是在生物学、通信技术和控制论的基础上形成和发展起来的。现代系统论中的系统概念不同于古代系统概念，其中一个重要的区别是，现代系统论是由数学的精确定义加以表述的，并应用了众多不同的数学方法，如代数、拓扑、微分方程、函数论、矩阵、图论、概率论和统计学方法。目前，它在应用技术方面取得了突出的成就，出现了系统科学和系统技术等分支。

系统科学是自20世纪40年代以来兴起的一门以系统为研究对象的综合性学科群，主要包括系统论、信息论、控制论（老三论），以及突变论、耗散结构论、协同论（新三论）等横断科学，这些新学科从不同侧面、以不同方式研究系统的性质和运行状况，进而揭示了系

---

① 〔美〕冯·贝塔朗菲：《一般系统论：基础、发展和应用》，林康义等译，清华大学出版社，1987，第31~32页。

② 〔美〕冯·贝塔朗菲：《一般系统论：基础、发展和应用》，林康义等译，清华大学出版社，1987，第10页。

③ 〔美〕冯·贝塔朗菲：《一般系统论：基础、发展和应用》，林康义等译，清华大学出版社，1987，第178页。

统所具有的普遍属性和规律。系统科学是 20 世纪科学的重大发现之一，它的崛起和发展引发了一场现代科学方法的彻底革命。系统科学是科学思维方式转变的产物，它实现了经典科学的机械论思维方式向新型科学的辩证思维方式的转变。

系统科学——以系统论为中心的新的科学方法论，使得人类认识由定性认识向定量认识飞跃，将定性认识提高到了世界观的高度，丰富了马克思主义的方法论思想，为人类探知世界提供了一种新观念构架和科学规范。

系统科学方法论与唯物辩证法二者哪一个更为根本？谁统率谁呢？其实系统科学方法论并不是对唯物辩证法的否定，而是进一步地证明了唯物辩证法的科学性，应当运用其成果来丰富和发展唯物辩证法体系。

关于二者哪个更为根本、谁主导谁的问题，有三种不同的观点：一是系统科学方法论优于唯物辩证法，应该取而代之；二是唯物辩证法能够纳入和概括系统科学方法论的新成果，用它来丰富和充实唯物辩证法的内容（这是大多数人的观点）；三是可以把矛盾辩证思维和系统思维加以综合。二者各有重点，应该把二者结合起来，形成一套健全的理论，可以把矛盾辩证思维和系统思维加以综合，并在理论上升华到当代哲学的高度。矛盾辩证思维重在"二"的思维，是"一分为二"或"分"的思维；系统思维重在"多"的思维，是"整体"的思维，是系统联系、整体优化的思维。

（一）系统论与唯物辩证法的关系

第一，二者的区别。二者所研究对象的层次和采用的研究方法不同。

从二者在方法论体系中的地位上看，系统论和唯物辩证法是不同等级的科学方法，研究对象不同，唯物辩证法研究的对象包括自然界、社会、思维在内的统一的整个世界整体，主要采用的是目的分析方法，通过对统一整体自身内部目的的定性分析，重点揭示其自我运动、自我发展的内在规律。系统论则以自然界以及社会中所有事物的系统性、系统联系为研究对象，研究具体的特定对象，主要采用系统分析方法，研究系统内部诸要素以及该系统与外部环境之间的相互作用，通过定量分析的方法发现和确立系统整体结构功能的最优化。可见，二者揭示和反映的对象的层次有所不同，基本上可以归结为哲学和具体科学的关系。

第二，二者密切联系。二者之间相互渗透，有着较为密切的关系。

二者的密切联系表现为，二者都强调所研究对象的整体性、有序性以及要素之间的相互作用，为此都反对机械的世界观。唯物辩证法是系统论的哲学基础和指导思想，能够概括和吸收系统科学方法论中的新成果，还可以把系统规律纳入唯物辩证法的规律体系中去。

唯物辩证法主要是从哲学角度研究系统的一般本质及其特征，揭示系统存在的世界观和方法论意义，认为系统是标志客观事物整体的哲学范畴；事物都是作为系统而存在的。贝塔朗菲曾经明确指出，系统概念有一个历史演变的过程，马克思和黑格尔的辩证法对其起过重要的作用。

现代系统论和系统科学的出现和发展，反映了自然科学对于联系的看法，也说明了现代自然科学的研究成果与马克思主义的一致性，这也是马克思主义联系观点的一个佐证。

（二）系统科学在唯物辩证法中的证实和发展作用

系统科学深刻揭示了物质世界联系和发展的本性，为唯物辩证法提供了新范畴和新方法，从而进一步发展了唯物辩证法，主要表现为以下几点。

其一，系统科学进一步证实和发展了唯物辩证法的联系原则。

系统论深化了唯物辩证法中普遍联系的概念，并在实践中展示了这一观点的具体应用和证明。普遍联系的性质导致事物普遍以系统的形式存在，世界的普遍联系与系统性在本质上是统一的。因此，唯物辩证法在坚持世界普遍联系的同时，也强调系统的重要性。在实际工作中，系统论指导我们合理地理解整体与部分之间的辩证关系，强调从整体的普遍联系中理解思维的本质和功能，避免孤立和片面的观点，这对我们具有重大的指导意义。

系统科学表明，任何事物都是作为系统而存在的，系统具有整体性、结构性、层次性和开放性等特点。

系统的整体性指的是系统与其构成要素之间的关系。一个系统由多个要素构成，这些要素通过相互联系和作用，以特定的方式联结，形成一个统一的整体。系统的整体特性和功能并非简单地由各个要素的性质和功能相加而成，而是由要素之间的相互作用和联系所决定。同时，构成系统的每个要素的性质也受到整个系统及其他要素的影响和约束。

系统的结构性揭示了系统内部要素之间的相互关系。这种结构不仅是要素之间联系和作用的具体表现形式，包括特定的比例、秩序和组合方式，而且还决定了系统的性质和功能。因此，不同的结构会导致系统功能的差异。

系统的层次性反映了不同层级系统之间的相互关联。在一个系统中，要素相互结合构成系统，而这些系统又可能作为更大系统的要素。同样，系统的一个要素也可能独立构成一个更小的系统。这样，系统就形成了多个层级。不同层级的系统之间存在垂直的联系，高层级的运动规律虽然建立在低层级的基础之上，但并不完全由低层级的规律所决定。

系统的开放性表明了系统与环境之间的相互联系。任何系统都与周围环境之间存在着物质、信息、能量的交换和传递。系统正是凭借着这种物质、信息、能量的交换与传递，维持和更新着自身的结构，实现着系统的演化和发展。

总之，系统科学通过对系统的整体性、结构性、层次性和开放性的揭示，以现代科学的最新成果，有力地证实和大大地深化了人类对物质世界普遍联系的认识。其中，系统论揭示的是事物联系的整体性。系统论虽然证实和丰富了唯物辩证法关于普遍联系的原理，但是它不能代替普遍联系的原理。因为系统论不是哲学的世界观和方法论，而是属于具体科学。我们应当把二者联系起来，使它们相互补充，相互促进，共同发展。它们之间同样存在着科学丰富哲学、哲学指导科学的辩证关系。

其二，系统科学进一步证实和发展了唯物辩证法的发展原则。

系统科学特别是耗散结构论、协同论、超循环理论等自组织理论十分重视对系统演化规律的研究，它们从不同角度证实和深化了物质世界发展变化的辩证图景。

自组织理论的研究成果表明，物质世界中一切系统及其结构和功能，都是物质系统在一定外界条件下，通过一定要素之间相互作用而形成的一定组织方式的产物，这就为进一步揭示物质自身发展的原因、掌握事物发展中内因与外因的辩证关系，提供了新的科学佐证。耗散结构论证实和深化了唯物辩证法对于发展方向性问题的认识，以新的科学素材证实和深化了否定之否定规律，研究了自然界和人类社会趋向进化，趋向复杂的一类现象的物理过程和机理。耗散结构论还提出了不可逆的时间观，证实和深化了唯物辩证法对于发展方向性问题的认识。① 在耗散结构论中，时间不再是与物质运动无关的外界参数，而是非平衡世界内部进化的度量，它表明不可逆过程是普遍的客观存在，发展是有方向的，这就进一步以新的科学素材证实和深化了事物是螺旋式发展、波浪式前进的否定之否定规律，把关于发展具有方向性的历史观点引进了自然界。

自组织理论深刻地揭示了结构变化在系统演变中的关键作用，说明结构变化是事物从量变到质变的基本环节，进一步深化了质量互变规律。系统从无序到有序、从低级有序到高级有序的演变，无一不是通过结构变化实现的，这说明结构变化是事物从量变到质变的基本环节，从而进一步深化了唯物辩证法质量互变规律。

---

① 王定忍：《熵定律宇宙观与耗散结构论进化观——辩证唯物主义自然观学习札记》，《福建地理》1995 年第 1 期。

系统科学通过对系统演化模式及其规律的研究，以大量科学事实深刻地说明了系统演化中因果关系的多样化，揭示了必然性与偶然性、可能性与现实性、确定性规律与统计性规律的辩证关系，这无疑是对唯物辩证法发展性原则的有力证实和创新。

其三，系统科学进一步丰富和补充了唯物辩证法的范畴体系。

唯物辩证法是一个不断发展的开放科学理论体系，其范畴的数量和含义随着时代的进步而演变。系统科学为唯物辩证法的范畴体系带来了丰富的新元素，如系统、信息、反馈、结构与功能、协同与竞争、开放与封闭等概念，它们不仅在科学领域有重要意义，也在世界观和方法论层面具有深远影响。经过哲学的精炼，这些概念已经成为唯物辩证法新的范畴，使唯物辩证法的范畴体系随着科学的进步而得到新的扩展和深化。

其四，系统科学进一步丰富和发展了唯物辩证法的方法论工具。

系统科学具有浓厚的方法论色彩，在系统科学基础上产生的系统方法、反馈方法、信息方法、黑箱方法、模拟方法等，已经被自然科学和社会科学广泛地应用于各个领域，有些方法由于广泛的普适性、普遍性，经过哲学的提炼，已经或正在成为唯物辩证法新的方法论工具，这不仅丰富和发展了唯物辩证法方法论，而且为辩证法成为各门学科更加容易接受、更加易于操作的方法论武器开辟了新的途径。系统科学作为横向科学，它主要是对具体科学在形式结构上的横向综合，更多的是从系统形式上综合归纳出具体科学的共同特征和共同规律，因此系统科学可以看作连接哲学和具体科学的中介和纽带。

总之，对系统存在的哲学研究，将有助于从定性分析的角度深化人们对系统本质及其运行发展规律的认识，同时也将丰富人们认识世界的内容和形式；引进和借助系统论对具体科学横向综合和定量分析的成果，将丰富和深化人们的哲学世界观及其对客观世界发展规律的认识。作为科学理论的唯物辩证法本身也需要发展，尤其需要不断吸收和借鉴具体科学的研究成果。

二　系统科学并不排斥对立统一规律

系统科学的确证实并发展了唯物辩证法，这一点已经有大量事实支持。虽然存在一些观点认为系统科学否定了对立统一规律，但实际上，系统科学与唯物辩证法之间的关系需要更深入地阐释。一般系统论的创始人贝塔朗菲在他的著作《一般系统论：基础、发展和应用》中就曾明确表示，虽然两者的起源不同，但一般系统论的原理与辩证唯物主义有着相似之处。这表明，系统科学并不否定对立统一规律，而是在某种程度上与辩证唯物主义的原理相辅相成。

对立统一规律作为唯物辩证法的实质与核心，在辩证唯物主义理论体系中居于十分重要的地位，贝塔朗菲在谈到一般系统论与辩证唯物主义的关系时，是不可能不考虑到对立统一规律的。事实上，贝塔朗菲本人不止一次地肯定，系统理论所体现的正是事物之间的对立统一关系。在他看来，系统中某一要素与系统整体的关系，诸要素与其他要素的关系，都是对立统一关系的体现。其中，要素与要素之间的关系体现着矛盾双方的彼此对立和相互依存；要素与系统之间的关系则体现为矛盾的一个方面与整个矛盾体系的关系。这样说，并非逻辑推理，而是有着充分根据的。

贝塔朗菲并不认为系统理论否定了矛盾学说，反而认为矛盾学说对系统理论的形成和发展有所贡献。他运用对立统一的思想来具体分析系统现象，指出系统的统一性和组成部分之间的竞争似乎矛盾，但实际上这两者"都是系统的本质"，"当前的技术和社会是如此复杂，按部门来划分技术的传统方法已感不足，必须使用带有总的或跨学科性质的整体论或系统论"①。贝塔朗菲将事物的矛盾属性视为系统的本质特征，表明部分之间的竞争是对立统一的具体体现。

①　〔奥〕路·冯·贝塔朗菲：《普通系统论的历史和现状》，王兴成译，《国外社会科学》1978 年第 2 期。

不仅贝塔朗菲,一些系统理论的建立者如普里高津和哈肯,也都自觉不自觉地运用了矛盾学说。更为重要的是,系统科学从一些新的认识角度揭示了客观世界所具有的矛盾属性,从而大大拓展和深化了人类对矛盾规律的认识。例如,系统理论不但描述了人类认识史上曾经研究过的一系列矛盾,如整体与部分、连续与间断、肯定与否定、静态与动态、有限与无限、内因与外因、原因与结果、必然与偶然、本质与现象、质变与量变、主要与次要、形式与内容等,还从人类很少涉足乃至从未涉足的方面揭示了客观世界的一系列矛盾,如系统与要素、结构与功能、有序与无序、协同与竞争、封闭与开放、突变与渐变、优化与非优化、层次与类型、平衡与非平衡、可逆与不可逆、线性与非线性、简单与复杂、熵增与熵减、系统分析与系统综合等。离开对这些矛盾的对立统一关系的把握,系统理论是难以建立起来的。这样大量涉及、深刻触及事物的各种矛盾,并在对这些矛盾的辩证理解的基础上建立起学科的理论框架,在整个自然科学中也是较为罕见的。这就充分表明,系统理论绝不是否定了对立统一规律,恰恰是用新的自然科学成果,从新的认识角度,证实、丰富和深化了对立统一规律。

矛盾论对系统思想的运用——马克思的《资本论》把资本主义生产关系和资本主义社会作为统一的有机整体来加以研究,通过对资本主义生产关系内在矛盾的分析和解剖,揭示出资本主义社会产生、发展和灭亡的规律。在这里,马克思主要运用的是矛盾分析方法,同时包含对资本主义经济和社会整体结构及其内部诸要素之间相互作用的系统分析。

总之,系统论和矛盾论的关系是一种内在联系和相互补充的关系。从对立统一规律的角度看,系统科学证实和发展了唯物辩证法,而不是否定了唯物辩证法。

三 "一分为二"与"一分为多"的关系

为什么有的研究者得出了系统理论否定了对立统一规律呢?稍加

分析，就可以发现他们最基本的依据就是认为系统理论表明事物是"一分为多"而不是"一分为二"的。显然，这里的问题在于怎样看待系统科学的"一分为多"与矛盾学说的"一分为二"的关系问题。

（一）"一分为二"和"一分为多"的区别

"一分为二"是对立统一规律的通俗表达。《矛盾论》一开头就引用了列宁的一段话："就本来的意义讲，辩证法是研究对象的本质自身中的矛盾。"① 这就表明，"一分为二"、矛盾的概念都是有关事物本质的范畴，它指的是"一切现象和过程都含有互相矛盾、互相排斥、相互对立的趋向"。这种对立的趋向是由人的抽象思维所把握的，它在现象形态上的表现是无比丰富的。它可以体现于事物的属性、状态和组成要素等不同方面。它可以与事物的现象形态是直接同一的，也可以通过现象间接反映出来；它可以是现象的具体表现，也可以是现象的抽象概括。

至于系统科学的"一分为多"指的是系统的构成要素在数量上的特点。系统科学认为，任何系统都是由相互联系的诸多要素所构成的，这些要素在数量上和种类上是无比繁多的，而由两个要素所构成的系统则是系统的最简单的情况。显然，"一分为多"这种概括并没有超越事物的现象形态，它所描述的只是经验事实。

那些以"一分为多"否定"一分为二"的人，一方面，把"一分为二"简单化、现象化，使之离开其本来的意义，其实是对马克思主义基本常识的误读；另一方面，又把作为描述经验事实的"一分为多"本质化，似乎这种"一分为多"就是事物中的本质趋向，从而也违背了系统科学的基本精神。

在系统理论看来，在形态的诸多要素中所体现的最基本倾向就是独立运动（竞争）与合作运动（协同）。贝塔朗菲与哈肯就认为，这两种对立倾向，即协同的本质与协同论的精髓之所在。

---

① 《毛泽东选集》第 1 卷，人民出版社，1991，第 299 页。

（二）"一分为二"与"一分为多"的联系

"一分为二"与"一分为多"是相互联系、彼此一致的。事物的矛盾可以具体体现在事物组成要素的相互依存与相互排斥中，作为对事物本质把握的"一分为二"可以体现在经验事实的"一分为多"之中。同样，系统的组成要素之间的相互依存、相互排斥的关系可以归结为矛盾关系，"一分为多"上升为本质的认识，就要概括为"一分为二"。

在解决具体问题的过程中，我们也要善于把"一分为二"贯彻于"一分为多"之中，又要在"一分为多"中把握"一分为二"，就是说，既要坚持对事物的矛盾分析，又不脱离具体事物；既要看到复杂事物的千头万绪，又要在这种千头万绪之中把握具有重要意义的对立统一关系。

因此，"一分为多"与"一分为二"是可以统一起来的。那种以"一分为多"否定"一分为二"的观点，是在对系统科学与矛盾学说作了双重曲解之后所构造的虚幻的对立。

（三）"一分为二"思维的普遍适用性和指导作用

"一分为二"是一种哲学方法论，它在实践中具有广泛的指导作用。与之相对的"一分为多"更多的是对现象的描述，并不总是作为一种普遍方法适用。例如，在协同论中研究的系统通常由众多子系统组成，数量庞大到难以计数。如果试图按照"一分为多"的方式逐一理解它们，将是不切实际的。协同论并不是去详尽地分析这些"多"，而是从子系统间、序参量间的协同与竞争这两种相反的趋势着手解决问题。这表明，解决复杂协同问题的普遍方法不是"一分为多"，而是"一分为二"。这种方法强调从对立中寻找统一，从而更深入地理解和处理复杂系统的动态。这也说明，能够作为解决复杂协同问题的普遍方法的不是"一分为多"，而恰恰是"一分为二"。

总之，从对立统一规律角度看，系统科学也是证实和发展了唯物辩证法，而不是否定了唯物辩证法。

第四节　以唯物辩证法来指导认识世界和改造世界

唯物辩证法是迄今为止各种辩证法理论中最正确的理论，它的批判的和革命的本质决定了它具有与时俱进的特征，不断指引着人们正确认识世界和改造世界。

一　唯物辩证法赋予人生最本质和最长久的意义

人们之所以探索、学习并实践唯物辩证法，是因为它提供了关于宇宙和人生的正确理解，是处理人生诸多问题的关键方法。唯物辩证法是一种思想基础，有助于自我完善，并且是提升人生境界的途径。

唯物辩证法就像一把钥匙，解开了理解人生之书的锁扣。在面对生活中的各种挑战时，辩证的思维方式帮助人们理解个体与他人、自我与环境之间的相互制约关系，通过对立统一的原则来深化对自我的认识。它鼓励人们在变化和发展中发现矛盾，掌握其中的规律，从而更好地驾驭生活。唯物辩证法教导我们在顺境中保持清醒，在逆境中展现坚韧，以积极乐观的态度去创造和享受人生。

唯物辩证法揭示的是客观世界的基本特性和规律，这些都是事物固有的本质和它们发展的自然规律，这一点已经得到科学发展的验证。因此，唯物辩证法不仅是一种科学的世界观，也是一种科学的方法论。它不只向我们展示了客观世界的本质和普遍规律，还教导我们如何正确地理解客观事物及其发展规律。因此，唯物辩证法在我们的日常工作和生活中，以及在各个具体科学领域的研究中，都起着至关重要的指导作用。

二　唯物辩证法赋予国家和社会最现实和最直接的意义

国家和社会构成了一个复杂的动态系统，由无数相互矛盾的要素组成。社会的基本矛盾及其衍生的各种关系是其中最显著的，这些关系的各方都在相互依赖、相互制约中不断发展变化。国家、社会与个人的发展是互为条件和相互促进的，它们之间形成了一种互动的因果关系。因此，每个社会成员都应该自觉地学习和掌握辩证的思维方式，积极地克服固有的形而上学思维模式。这样的思维方式有助于更深刻地理解社会动态，并在其中发挥积极作用。

唯物辩证法作为中国共产党的核心理论基础，它的原则和方法应被广泛接受并应用于世界观和方法论的构建中。通过深入理解和实践唯物辩证法的基本原理，人们可以培养出一种全面而客观的视角来观察和分析事物。这种思维方式不仅有助于在制定战略和计划时展现前瞻性和发展性，而且在执行方针政策时也能体现原则性与灵活性。在处理问题时，它鼓励我们综合考虑普遍性和特殊性，以及如何将两点论和重点论相结合，以反对片面和极端的观点。此外，将辩证思维与坚定的政治立场、高度的政治意识和先进的法治理念相结合，有助于提升个人素质，更好地履行职责，并推动国家和社会的全面发展。这种综合性的思维方式是实践成功的关键。

当前，在深入学习习近平新时代中国特色社会主义思想过程中，一个重要任务就是要把握讲话中贯穿的科学思想方法和工作方法，特别是要把握两点。

一是学习掌握事物矛盾运动的基本原理，不断强化问题意识，积极面对和化解前进中遇到的矛盾。

马克思主义教导我们要具体问题具体分析，要根据实际情况制定对策。我们知道，发展的道路上不可能一帆风顺，总会遇到各种困难和挑战。这就要求我们不回避矛盾，而是要正视矛盾，要认清矛盾的本质和规律，要用辩证的思维去处理矛盾，要清楚"事物的矛盾法则，即对立统一的法则，是唯物辩证法的最根本的法则"[1]。

---

[1] 《毛泽东选集》第1卷，人民出版社，1991，第299页。

　　这里仅举一例，医患和谐沟通中就要求双方的思维方式具有辩证性。当人们因为各种理由去看医生时，无论是门诊还是住院，医护人员与患者及其亲属之间的交流与沟通是否有效和谐，都不仅关系到医疗效果，甚至关乎着患者的生命健康。当医患冲突变得激烈乃至失控时，人们就需要思索医患沟通中双方心态与其思维方式的关系，希冀和谐思维方式能够成为医患双方保持平和心态的思维基础，也能够成为构建、维系医患和谐沟通渠道的基础。和谐的医患沟通要从心理和谐、心态平和开始，医患沟通时的和谐程度取决于医患双方的心态和作为思路引领的思维方式的取向与状况。心态是否平和、健全归根结底在于人的思维方式是否具有全面性、系统性、完备性，在于是否具备科学思维方式。所以，和谐思维方式是医患双方平和心态赖以呈现的思维基础，也是医患和谐沟通实践中的关键要素。

　　二是深入学习唯物辩证法的基本原理，不断提高辩证思维水平，增强应对复杂形势、解决复杂问题的能力。"要推出具有独创性的研究成果，就要从我国实际出发，坚持实践的观点、历史的观点、辩证的观点、发展的观点，在实践中认识真理、检验真理、发展真理。"①我们要把理论学习和实践结合起来，用唯物辩证法指导实际工作，推动事业发展。

　　每天医患双方都在进行着不同程度、不同层次的沟通，融洽有效沟通是目的，心态平和、思路健全是和谐沟通的基本保障，而在医患和谐沟通中就要求双方的思维方式应当具有辩证性，和谐思维方式应当成为和谐医患沟通实践中的关键要素。

　　和谐社会的建设呼唤和谐思维方式的支撑和运用。和谐思维方式是以追求"对立面的统一"和"协调发展"为价值目标的思维方式。列宁说，"辩证法是一种学说，它研究对立面怎样才能够同一，是怎样

---

　　①　习近平：《在哲学社会科学工作座谈会上的讲话》，《人民日报》2016年5月19日，第2版。

（怎样成为）同一的——在什么条件下它们是相互转化而同一的"。① 作为一种哲学形态的思维方式，一般是指从和谐的视域出发，以和谐为基本原则和价值取向，揭示和谐性、平衡性、协调性、有序性、互补性在事物发展中的作用，并以追求事物和谐发展为目的的一种思维方式或思维模式。这种思维方式对于人们的实践活动可以起到调控、牵引、指导的作用。

医患沟通是一个双向的过程，所以医患和谐沟通要求医生的主导作用和病人的主动参与能够相互协调。医生要有平和的心态，理解病人急于求医的心情，发挥自己的专业水平，用和谐的眼光看待、对待病人的身体和心理状况，用和谐的思路分析病人病情的变化，用和谐的姿态满足病人的需求，用和谐的方法有效地治疗疾病、化解医患矛盾，用和谐的标准评价医疗工作的成效；病人和家属也要努力保持平和的心态，主动和医生沟通病情、提出合理要求，积极配合治疗计划，体谅医务人员的辛苦。

医患双方的这种心态，实际上就是和谐社会要求的和谐思维视角的基本内容和表现。虽然在每次看病的过程中，我们不容易要求医患双方都注意心态的平和和思维的全面，但这确实是医患和谐沟通的必要条件，是需要双方共同努力的，是在平等、开放的医患和谐沟通渠道中应当完成的任务，这些任务不是一下子就能完成的，而是需要医生和病人及家属在医患沟通中学习并完善自己的思维方式使之具有科学性，也就是说，医患沟通的和谐有效最终取决于医患双方在思维方式层面的辩证性——系统性和科学性。

三 全面掌握和运用唯物辩证法的理论和方法

阐述唯物辩证法的方法论意义要按照唯物辩证法原理的基本要求来进行，根本的一条在于坚持理论和实践、历史和现实相结合的原则。

----

① 《列宁专题文集·论辩证唯物主义和历史唯物主义》，人民出版社，2009，第132页。

辩证法是人类认识世界的伟大工具，恩格斯在《自然辩证法》中指出了复归到辩证思维的可能的两条道路。一条是通过自然科学的研究而自发地达到；一条是通过对辩证哲学的学习而自觉地达到。[①]

学习唯物辩证法是现代人在前人基础上更好地认识世界和改造世界的一种正确方式，有助于人们认识和发现客观世界包含的内在规律，在遵循客观规律的前提下，实现更好地改造世界的目的。

为了能够有效地运用唯物辩证法处理现实问题，我们必须全面地理解和掌握唯物辩证法。全面应用唯物辩证法，就要在分析问题、解决问题时，采用矛盾分析的方法、量变质变的方法、螺旋式上升或者波浪式前进的方法，就要用从现象到本质的方法、形式和内容相统一的方法、原因与结果相联系的方法、必然与偶然相联系的方法、可能性与现实性相联系的方法，去认识问题和解决问题，绝对不可违反和超出这些规律和范畴。

---

① 《马克思恩格斯文集》第 9 卷，人民出版社，2009，第 438 页。

第四讲

正确把握真理与价值的辩证关系

《道德经》第八十一章总结指出："信言不美，美言不信。"王国维先生曾经慨叹："哲学上之说，大都可爱者不可信，可信者不可爱。"①这是不是意味着真理和价值无法真正统一？应该如何实现两者的统一？可以说，对于真理与价值关系的千古谜题，马克思主义理论给出了科学的答案。我们知道，马克思主义理论的各个组成部分之间并不是相互孤立和隔绝的，而是存在着密切的联系的。科学认识世界和改造世界，不仅要坚持辩证唯物主义和历史唯物主义的立场、观点和方法，而且要将真理与价值统一起来，把共产主义远大理想和中国特色社会主义共同理想结合起来，不断践行和培育社会主义核心价值观。在人的实践活动中，既离不开把握规律和掌握真理，也离不开去追求意义和创造价值。在人的实践活动中，一方面要遵循事物的发展规律，按照规律办事；另一方面要实现人的价值需要，按照人的尺度办事。由此，人才能真正不断揭示真理，不断完善人与世界的关系、人与自然的关系，不断推动社会发展。

第一节　马克思主义真理观

毛泽东在《实践论》中指出："我们的结论是主观和客观、理论

---

① 姚淦铭、王燕编《王国维文集》第 3 卷，中国文史出版社，1997，第 473 页。

和实践、知和行的具体的历史的统一，反对一切离开具体历史的'左'的或右的错误思想。"① 在马克思主义真理观看来，真理既是客观的，也是具体的，不存在永恒不变的并适用于一切时间地点的真理。进一步讲，真理一定是能够真正解决现实问题，满足人的价值需要的。"实践、认识、再实践、再认识"的过程，就是通过实践而发现真理的过程，也是通过实践而证实真理的过程，还是通过真理而不断满足人的价值需要的过程。因此，真理和价值的统一，不是主观感觉过程，而是一个主观和客观、理论和实践、知和行的具体的历史的统一的过程。

一　真理具有客观性

"辩证法也就是（黑格尔和）马克思主义的认识论"②。这是列宁以马克思主义唯物辩证法为指引而研究得出的著名论断。这个论断体现了辩证唯物主义的反映论和可知论，揭示了人通过认识所达到的真理具有客观性，是对现实世界客观规律的揭示，体现了客观世界规律与人的主观认识具有内在的统一性。直截了当地承认真理具有客观性，这是辩证唯物主义认识论的一个根本标志。

"真理是标志主观与客观相符合的哲学范畴，是对客观事物及其规律的正确反映"，"真理通过感觉、知觉、表象、概念、判断、推理等主观形式表达出来……某一认识成为真理的决定性条件，并不在于它采取何种主观形式，而在于它能正确地反映对象的本质和规律"。③可以说，一切唯物主义都承认客观真理论，而反对主观真理论。与此相反，唯心主义坚持主观真理论。其实质是从哲学上把我们所处的世界划分为本质世界和现象世界，本质世界和现象世界是对立的关系，

---

① 《毛泽东选集》第1卷，人民出版社，1991，第296页。
② 《列宁全集》第55卷，人民出版社，2017，第308页。
③ 《马克思主义基本原理概论》编写组《马克思主义基本原理概论（2018年版）》，高等教育出版社，2018，第75页。

本质世界派生了现象世界。在这方面，哲学家柏拉图、休谟、贝克莱、康德、黑格尔、马赫等是其重要代表。如，柏拉图认为真理是某种超验的、永恒的"理念"，经院哲学家把真理看作上帝的属性或化身，休谟认为真理是"观念与主体感觉相符合"，贝克莱认为"真理存在于观念之中"，康德认为"真理是思维与它的先验形式相一致"，马赫认为真理是感觉最简单、最"经济"的复合，黑格尔认为真理是"绝对理念"的自我显现，等等。① 在唯心主义哲学真理观看来，本质世界是真实的，是精神的，是本源性的。相反，在唯物主义哲学真理观看来，本质世界和现象世界并不是两个世界，本质是对现象的反映和概括，虽然在形式上本质和现象是有区别的。马克思主义真理观坚持了辩证唯物主义认识论路线，从认识和实践统一的高度上科学地揭示了真理的本质，是对人类所处的现象世界或物质世界内在规律性的反映和概括，离开了现象世界就无所谓本质、规律和真理，真理是对现象世界的正确认识。进一步讲，真理的客观性，从根本上源于现象世界的客观性。

列宁指出："认为我们的感觉是外部世界的映象；承认客观真理；坚持唯物主义认识论的观点，——这都是一回事。"② 马克思主义坚持的是客观真理论，但绝不否认真理同时具有主观性，离不开人的主观认识，是主观和客观、理论和实践、现象和本质的具体的历史的统一。真理中包含着不依赖于人和人的意识的客观内容，同时真理主要通过概念、判断、推理等主观形式表达出来，也就必然具有其主观形式、历史形式。借助于人的实践活动，真理被打上了人的活动烙印和时代印记。真正的哲学不是哲学家个人的"哲学呓语"，而是时代精神的精华。

我们既不能因为真理的客观性而把真理等同于"物质主义"，也

---

① 杨河主编《马克思主义简明读本》，人民出版社，2018，第247页。
② 《列宁选集》第2卷，人民出版社，2012，第89~90页。

不能因为真理具有主观形式而把真理误认为"有用性"，进而陷入实用主义的"哲学泥沼"。实用主义断言"有用即真理"，把"有用"和"真理"完全等同起来，就忽略了真理背后的规律性；把"有用"肤浅化、即时化，就忽略了人类不断通过实践活动来实现真理的主观和客观相符合的艰辛努力。如果离开了对客观规律的主动追寻，人类的目的是无法得以很好地实现的。同样，离开了对客观真理的正确把握，人类要么只是满足于眼前短暂的需要，要么只是简单地顺应客观规律，从而也就不可能实现改造主客观世界的远大目标。

凡真理都是客观真理，这是真理问题上的唯物论。一切唯物主义认识论都承认和强调了真理的客观性。同样，凡真理都是具体的，不断发展中的。随着人类借助于真理而不断满足自己的需要，人自身的认识和实践能力必然得以增长，就会根据不断变化的现实条件和现实需要而深化对真理的认识。是否承认这一点，是旧唯物主义和辩证唯物主义的区别。"从前的一切唯物主义（包括费尔巴哈的唯物主义）的主要缺点是：对对象、现实、感性，只是从客体的或者直观的形式去理解，而不是把它们当做感性的人的活动，当做实践去理解，不是从主体方面去理解。"[①] 旧唯物主义认识论看不到人所生活的世界既是客观的，也是人类实践活动的产物。随着实践的发展，人类不断丰富和深化了对客观真理的认识。

真理的客观性表明，真理的客观性与真理的相对性、主观性并不矛盾。要想发现真理、拥有真理、发展真理并在实践中取得成功，只能采取解放思想、实事求是的科学态度，尊重真理并按真理办事，永无止境地推动真理发展。

二 真理的绝对性和相对性

在马克思主义真理观看来，真理是标志着主客观相符合的哲学范

---

① 《马克思恩格斯文集》第1卷，人民出版社，2009，第499页。

畴。这种相符合并不是一蹴而就的，而是有其具体的历史的过程。因此，一切真理都必然具有绝对性和相对性的两重属性。就主客观"相符合"的内容和前进趋势而言，真理是客观的，具有绝对性；就主客观"相符合"的形式和过程而言，真理具有主观性，具有相对性。真理既具有绝对性，又具有相对性，它们是同一客观真理的两种属性，这是真理问题上的辩证法。

第一，真理的绝对性。真理的绝对性是指真理主客观统一的确定性和发展的无限性。它有两个方面的含义。

一是任何真理都是对客观事物及其规律的正确反映，都标志着主观与客观相符合，都包含着不依赖于人和人的意识的客观内容，都同谬误有原则性的界限。这一点是无条件的、绝对的。在这个意义上，我们可以把真理理解为绝对真理。在《自然辩证法》中，恩格斯从辩证法视角揭示了主观思维和客观世界规律的同一性规律。他说："我们的主观思维和客观世界遵循同一些规律，因而两者的结果最终不能互相矛盾，而必须彼此一致，这个事实绝对地支配着我们的整个理论思维。这个事实是我们理论思维的不以意识为转移的和无条件的前提。"① 他还说："所谓的客观辩证法是在整个自然界中起支配作用的，而所谓的主观辩证法，即辩证的思维，不过是在自然界中到处发生作用的、对立中的运动的反映。"② "思维规律和自然规律，只要它们被正确地认识，必然是互相一致的。"③

二是就人类的认识能力而言的。人能够正确认识无限发展着的物质世界，人的认识注定能够覆盖无限发展着的客观世界，这一点也是绝对的，不会局限于任何历史条件。换言之，为了能够认识客观世界，人可以根据变化的世界而不断创造和利用相应的主观条件。在这个意义上说，真理并不只是主观符合客观，而是也能在此基础上改造客观

① 《马克思恩格斯文集》第9卷，人民出版社，2009，第538页。
② 《马克思恩格斯文集》第9卷，人民出版社，2009，第470页。
③ 《马克思恩格斯文集》第9卷，人民出版社，2009，第489页。

世界使其符合人的主观世界的需要，客观世界由此而不断向更好的方向发展。进一步讲，人的认识能力和实践能力的不断提升，也推动了客观世界的不断发展，从而也证明了真理具有绝对性和无限发展性。恩格斯指出："对自然界的一切真实的认识，都是对永恒的东西、对无限的东西的认识，因而本质上是绝对的。"①

第二，真理的相对性。真理的相对性即真理的条件性，是指人们在一定条件下对事物的客观过程及其发展规律的认识是有局限的、不完全的，不是绝对正确的而是有待完善的。它具有两个方面的含义。一是从广度上看，真理所反映的对象是有条件的、有限的。由于任何真理都会受到人类实践水平、范围以及认识能力的限制，人类对真理的认识只能是对无限的物质世界发展的某一阶段、某一方面、某一层次的认识。这是真理在广度上的有条件性、有限性。二是从深度上看，真理反映客观对象的正确程度也是有条件的、有限的。列宁指出："人不能完全地把握＝反映＝描绘整个自然界、它的'直接的总体'，人只能通过创立抽象、概念、规律、科学的世界图景等等永远地接近于这一点。"② 任何特定的真理，不仅其所反映的对象在范围上是有限的，其正确程度也是有限的。由于条件的限制，任何真理对认识对象的反映只能是相对正确的，即在认识的深刻程度上、精确度上都是有限的，或者是近似性的。这是真理在深度上的有条件性、有限性。也就是说，任何真理都只能是主观对客观事物近似正确即相对正确的反映。

第三，人类认识能力的至上性和非至上性。在《卡尔·马克思》一文中，列宁写道："而辩证法，按照马克思的理解，同样也根据黑格尔的看法，其本身包括现在称之为认识论的内容，这种认识论同样应当历史地观察自己的对象，研究并概括认识的起源和发展，从不知

---

① 《马克思恩格斯选集》第 3 卷，人民出版社，2012，第 938 页。
② 《列宁全集》第 55 卷，人民出版社，2017，第 153 页。

到知的转化。"① 列宁把唯物辩证法的普遍发展原则彻底贯彻于思维运动中，进一步完善了唯物主义的认识论，坚持人的认识过程像客观世界的发展一样，是一个辩证发展的过程，具有至上性的特点。人类的认识能力、思维能力是无限的、绝对的，这体现了人类认识能力的至上性。至上性是指人是可以完全认识客观世界并改造世界以满足人的需要的。需要是无止境至上的。在一定历史条件下，人类认识能力又具有非至上性，即认识能力和思维能力是有限的、相对的。真理的认识要通过每代人的认识来实现，每一代人的生命在深度和广度上都是有限的。

人类认识能力的至上性和非至上性的原理告诉我们，必须坚持一切从实际情况出发，科学认识人的感性实践活动在认识中的地位和作用，并自觉在认识论上把唯物论与辩证法有机地结合起来，既要脚踏实地又要有长远发展眼光，既要从个人的实际出发又要主动参与社会实践，在历史进步的潮流中实现个人发展。

三 真理和谬误并非截然对立的关系

在生活中，真理和谬误常常被误认为是水火不容的关系，真理是好的，谬误是不好的。但两者并非截然对立。"人们经过失败之后，也就从失败取得教训，改正自己的思想使之适合于外界的规律性，人们就能变失败为胜利，所谓'失败者成功之母'，'吃一堑长一智'，就是这个道理。"② 认识探索的过程中，"错误往往是正确的先导"③。正如这个世界上没有常胜将军一样，人在认识和实践过程中往往会犯错误。但不能因为这些错误就断定这个人是一无所成的、这件事情是一无所获的。可以说，真理和谬误是人类认识中的一对永恒矛盾，两者是既对立又统一的关系。正如习近平所指出的那样，"只要我们善

---

① 《列宁全集》第 26 卷，人民出版社，2017，第 56~57 页。
② 《毛泽东选集》第 1 卷，人民出版社，1991，第 284 页。
③ 《毛泽东文集》第 8 卷，人民出版社，1999，第 326 页。

于聆听时代声音，勇于坚持真理、修正错误，二十一世纪中国的马克思主义一定能够展现出更强大、更有说服力的真理力量！"① 我们既要善于鉴定谬误，又要勇于在修正错误、克服谬误中走向更大的胜利。

第一，真理就是真理，谬误就是谬误，两者有着严格的界限。这体现了马克思主义真理的唯物主义原则和立场。识别谬误的标准只有一个，那就是人的实践，而不凭借个人的主观好恶。在生活中，如果我们一味从主观成见出发，而不是从客观事实出发，就很容易妨碍我们对客观真理的发现。《吕氏春秋》中记载的"疑人偷斧"的成语故事就说明了这样一点。从前，有个人丢了一把斧子。他怀疑是邻居家的孩子偷的，就暗暗地注意那个孩子。他看那个孩子走路的姿势，像是偷了斧子的样子；他观察那个孩子的神色，也像是偷了斧子的样子；他听那个孩子说话的语气，更像是偷了斧子的样子。总之，在他的眼睛里，那个孩子的一举一动都像是偷斧子的。不久，他在刨土坑的时候，找到了那把斧子。原来是他自己遗忘在土坑里了。从此以后，他再看邻居家那个孩子，一举一动丝毫也不像偷过斧子的样子了。

这个成语故事充分说明，真理和谬误之间的原则界限是客观的。否认这一点，就会混淆是非、颠倒黑白。

第二，真理和谬误在人的实践活动中是可以相互转化的。列宁指出："任何真理，如果把它说得'过火'……加以夸大，把它运用到实际适用的范围之外，便可以弄到荒谬绝伦的地步，而且在这种情形下，甚至必然会变成荒谬绝伦的东西。"② 真理和谬误之间的对立是相对的，即两者是可以互相转化的。在马克思主义真理观看来，两者之间存在以下的转化关系。

首先，真理是具体的，超出了一定的范围和条件就会成为谬误。因此，一定的真理总是解决具体的问题，我们不能追求无条件的永恒

① 《习近平谈治国理政》第 3 卷，外文出版社，2020，第 21 页。
② 《列宁选集》第 4 卷，人民出版社，2012，第 172 页。

的真理。在中国革命、建设和改革过程中，以教条主义为代表的主观主义，其错误的症结就在于追求不变的"永恒真理"，抱着本本不放，不顾中国的具体国情而生搬硬套马克思主义的基本原理。刻舟求剑故事中的那位楚人就类似于教条主义者。这个故事大意是说，有个楚国人，搭乘一条渡船过江，一不小心，他的一把剑从渡船上掉到江里去了。他马上在船舷上刻一个记号，自己嘱咐自己道："记住，我的剑是从这儿掉下去的！"等到渡船过了江，停住了，他才从容不迫地按照他所刻的记号，下水去找剑。试想，渡船早已走得老远了，而掉在水里的剑是不会跟着船上的记号走的。像他这样是不可能找到剑的。

其次，真理是全面的，片面割裂观点之间的整体联系也会使得真理成为谬误。这种做法割裂了某个原理与其他原理之间的相互联系、相互制约。这就好比是盲人摸象、管中窥豹、坐井观天的故事所说的那样，看问题总是习惯于以点带面、以偏概全，这就不可能发现真理，进而正确把握和运用真理。

再次，谬误在一定条件下也能转化为真理，人的认识具有复杂性和曲折性。谬误也是对客观真理的反映，不过是歪曲的、片面的反映。"僧侣主义（＝哲学唯心主义）当然有认识论的根源，它不是没有根基的，它无疑是一朵无实花，然而却是生长在活生生的、结果实的、真实的、强大的、全能的、客观的、绝对的人类认识这棵活树上的一朵无实花。"① 只要勇于正视错误、反省错误、修正错误，就一定能取得对客观事物及其规律的正确认识，错误就能转化为正确，谬误就能转化为真理。

最后，通过批判谬误而发现真理是谬误向真理转化的重要形式。毛泽东曾经深刻地论述了革命挫折对于把握革命真理的重要性。"在民主革命时期，经过胜利、失败，再胜利、再失败，两次比较，我们

---

① 《列宁全集》第 55 卷，人民出版社，2017，第 311 页。

才认识了中国这个客观世界。在抗日战争前夜和抗日战争时期，我写了一些论文，例如《中国革命战争的战略问题》、《论持久战》、《新民主主义论》、《〈共产党人〉发刊词》，替中央起草过一些关于政策、策略的文件，都是革命经验的总结。那些论文和文件，只有在那个时候才能产生，在以前不可能，因为没有经过大风大浪，没有两次胜利和两次失败的比较，还没有充分的经验，还不能充分认识中国革命的规律。"① 谬误和挫折可以让我们更加深刻地、全面地、动态地把握现实情况，也可以为我们正确认识现实问题进而提出解决现实矛盾的正确方法奠定基础，由此必然推动谬误向真理的转化。因此，可以说真理和谬误的对立统一关系表明，真理总是同谬误相比较而存在、相斗争而发展的。

第二节　实践是检验真理的唯一标准

"马克思主义者认为，只有人们的社会实践，才是人们对于外界认识的真理性的标准。实际的情形是这样的，只有在社会实践过程中（物质生产过程中，阶级斗争过程中，科学实验过程中），人们达到了思想中所预想的结果时，人们的认识才被证实了。人们要想得到工作的胜利即得到预想的结果，一定要使自己的思想合于客观外界的规律性，如果不合，就会在实践中失败。"② 人们认识世界的结果是否为客观真理，需要经过检验才能判定。需要强调的是，检验真理的过程也是真理不断得以丰富发展的过程。进一步讲，正确检验真理，既是正确发展真理的过程，也是正确推动实践本身不断发展的过程。简言之，实践是检验真理的唯一标准，这也不断推动着理论和实践实现更高程度的统一。

---

① 《毛泽东文集》第 8 卷，人民出版社，1999，第 299 页。
② 《毛泽东选集》第 1 卷，人民出版社，1991，第 284 页。

一 真理标准具有客观性和时代性

真理的检验标准问题，就是到底存在不存在检验我们的认识正确与错误的标准，以及这个标准到底是什么的问题。对此，不同流派和立场的哲学观点展开了争论。哲学家们普遍认为存在真理标准，只有少数哲学家坚持怀疑主义的立场，坚持认为根本不存在所谓真理标准，双方一时陷入了"公说公有理，婆说婆有理"的无谓争论。对于坚持有真理标准的哲学家来说，旧唯物主义哲学家坚持真理标准是偏物质性的感觉、感性和意见等，而唯心主义哲学家则强调真理标准是永恒不变的"理念""绝对精神""良知良能"。无论是唯心主义哲学还是旧唯物主义哲学，其真理标准都属于个人的主观判断或想象，不具有真正的客观性，其最大的缺陷是忽略了时代性。

第一，真理标准是客观的。"关于真理标准的观点有：以圣人或权威的意见为标准，如'以孔子的是非为是非'；以自己的观念、意见为标准，如王阳明把所谓'良知'作为'自家标准'；以多数人的意见和感觉为标准，如贝克莱的'集体的知觉'就是'实在性的证据'；以概念是否清楚明白为标准，如笛卡儿、斯宾诺莎等；以'有用'或'效果'为标准，如实用主义的'有用即真理'。以上观点都属于主观真理标准论，它们的共同点就是在主观范围内绕圈子，把主观的东西当作真理的标准，用认识检验认识，从而无法划清真理与谬误的根本界限。"[①] 从马克思主义真理观的视角来看，坚持真理标准是主观的哲学流派的缺陷在于，他们通常是把实践活动的某些方面或实践主体的某种特征夸大化，将其抽象为真理标准。进一步讲，我们在实践活动中，固然不能"以圣人或权威的意见为标准"，但决不能否认伟大人物或权威意见的作用；我们固然不能把所谓的"良知"作为

[①] 《马克思主义基本原理（2023年版）》编写组编《马克思主义基本原理（2023年版）》，高等教育出版社，2023，第99页。

"真理标准"，但无论如何不能在实践中否认"良知"的作用；我们虽然反对把"集体的知觉"作为"实在性的证据"，但在实践中不可能忽略多数人的意见和感觉；我们当然要反对仅仅把"有用即真理"作为检验真理的唯一标准，但我们确实无法否认"有用"或"效果"是实践检验真理标准的重要因素。我们知道，人所面对的客观事物最大的特点就是具有全面性，包含着主观和客观因素，体现为各种因素的有机统一。因此，马克思主义的实践真理标准与过去哲学家的真理标准不是简单对立的关系，而是对以上各种标准的辩证的历史的具体的运用，是对以上各种要素的综合考虑。

　　第二，真理标准说到底具有时代性。"我们民族的灾难深重极了，惟有科学的态度和负责的精神，能够引导我们民族到解放之路。真理只有一个，而究竟谁发现了真理，不依靠主观的夸张，而依靠客观的实践。只有千百万人民的革命实践，才是检验真理的尺度。"[①]可以说，无论是实践还是真理标准，都不是简单个体意义上的，而是着眼于实现国家强大、社会和谐和民族复兴的实践或真理标准，而要推动这种实践发展，并由此而检验和发展真理，必须准确认识时代主题，积极顺应时代潮流。1978 年 5 月 11 日，《光明日报》头版刊登题为《实践是检验真理的唯一标准》的特约评论员文章。文章分为四个部分：一、检验真理的标准只能是社会实践；二、理论与实践的统一，是马克思主义的一个最基本的原则；三、革命导师是坚持实践检验真理的榜样；四、任何理论都要不断接受实践的检验。[②]一石激起千层浪，这篇文章很快引发了一场全国范围的真理标准问题大讨论，对中国社会发展产生了深远影响。1978 年 12 月 22 日，党的十一届三中全会公报说："会议高度评价了关于实践是检验真理的唯一标准问题的讨论，认为这对于促进全党同志和全国人民解

---

　　① 《毛泽东选集》第 2 卷，人民出版社，1991，第 663 页。
　　② 高晓林：《历史转折》，人民出版社，2009，第 101 页。

放思想，端正思想路线，具有深远的历史意义。一个党，一个国家，一个民族，如果一切从本本出发，思想僵化，那它就不能前进，它的生机就停止了，就要亡党亡国。"① 今天看来，真理检验标准大讨论的实质是道路的选择与创新问题，也是中国社会的真理发展方向问题，同整个民族、国家以及个人的命运福祉息息相关。因此，真理标准问题不是哲学家个人的意见之争，更不是主观感觉上什么是正确与错误的问题，而是推动理论创新与实践创新的良性互动的问题。

二 理论与实践的统一是马克思主义最基本的原则

马克思主义认识论立足于实践的观点，把实践引入认识论，把辩证法同认识论相结合，把认识同实践联系起来，把解释世界和改变世界联系起来，形成了实践是检验真理的唯一标准的基本观点。实践之所以能够作为检验真理的唯一标准，是由真理的本性和实践的特点决定的，从根本上是因为理论与实践具有统一性。

检验真理的标准，既不能是主观认识本身，也不能是客观事物本身，而只能是体现了主观与客观统一性的实践。我们知道，实践正是能够把主观认识与客观事物联系和沟通起来，从而使人们能够把二者加以比较和对照的东西。在马克思主义真理观看来，实践也正是主客观联系的桥梁、纽带或"交错点"。实践是检验真理的唯一标准体现了理论与实践的统一性原则，反映了人的主观认识同客观实际相符合的真理内涵。主观认识本身不能自称正确而将自身作为检验真理的标准，因为用一种认识去检验另一种认识，仍然不能从根本上推动原有认识的发展，只能是在主观范围内兜圈子，因而也就达不到检验的目的。即使是已经被实践证明为正确的理论，虽然它对于人们新的认识活动具有重要的指导意义，也不能代替体现了主观与客观相统一的实践，成为检验真理的标准。相对于实践认识依然是第二位的。不承认

---

① 《中国共产党第十一届中央委员会第三次全体会议公报》，人民出版社，1978，第13页。

这一点，依然会陷入主观真理标准论。可以说，以往主观真理标准论的最大症结不是承认了主观的重要性，而是没有看到无论是人的主观认识，还是实践活动，其本质都体现为理论与实践的统一性。不承认理论与实践的统一性，就看不到人的现实实践为何会发展，主观认识何以会把握规律。

列宁在《黑格尔〈逻辑学〉一书摘要》中指出："实践高于（理论的）认识，因为它不仅具有普遍性的品格，而且还具有直接现实性的品格。"① 实践的普遍性不是抽象的普遍性，而是体现为科学理论指引下的实践，体现为指引社会实践不断发展的科学规律和发展趋势；实践的直接现实性也不是降低为"感性直观"的真实性，而是体现为实践是在理论指导下可以现实地改变世界、不断推动社会进步和人的发展的现实性。因此，与旧唯物主义或唯心主义真理观不同的是，马克思主义的实践真理标准或发展着的实践本身必然要包含着理论与实践的统一性原则。只有正确贯彻理论与实践的统一性原则，才能正确坚持马克思主义学风，不断推动社会实践和科学理论的发展，进而不断丰富和发展马克思主义认识论、实践论和真理观。

"在古希腊，实践（praxis）是不包含制作（make）之意的。制作是工匠的技术活动，实践是贵族的政治和道德活动。二者无论是在社会阶层上还是在活动主体和活动内容上都是截然不同而分处于不同领域的。然而，在欧洲思想文化的演进过程中，制作对实践却发生了一个渐进的侵袭过程。中世纪，在托马斯·阿奎那的思想中，'实践'概念已经渗入了'制作'的涵义，实践和制作发生了混淆。到了近代，应资本主义生产的需要，自然科学和科学技术兴起并逐渐取代了实践，产生了技术实践论。实践的技术化实际上就把实践和手艺、技巧和操作联系起来，进而与人们的生活技术、技巧联系在一起。"② 在

---

① 《列宁全集》第55卷，人民出版社，2017，第183页。
② 高来源：《实践范式下的杜威哲学：人在经验世界中的超越》，人民出版社，2015，第2页。

西方哲学那里，实践本就不能简单理解为与"知"相对的"行""做事情"，它体现的是"实践"与"理论""精神""价值"的相互融合。在马克思主义真理观中，如要把握实践的根本含义，或者要切实推动实践创新以及理论创新（两者是内在统一的），必须坚持理论与实践相结合的基本原则。"通过实践而发现真理，又通过实践而证实真理和发展真理。从感性认识而能动地发展到理性认识，又从理性认识而能动地指导革命实践，改造主观世界和客观世界。实践、认识、再实践、再认识，这种形式，循环往复以至无穷，而实践和认识之每一循环的内容，都比较地进到了高一级的程度。这就是辩证唯物论的全部认识论，这就是辩证唯物论的知行统一观。"① 毛泽东对实践和真理标准的认识是准确而深刻的，完全体现了理论和实践相统一的马克思主义真理观的基本原则，也必然正确指引着我们继续推动马克思主义认识论和真理观的创新发展。

三 实践标准的确定性和不确定性问题

实践是检验真理的唯一标准不能作绝对化的理解，实践标准是确定性和不确定性的统一，也就是绝对性和相对性的统一。实践标准的确定性与不确定性问题，实际上就是实践标准或实践活动本身的发展性问题。列宁说："在这里不要忘记：实践标准实质上决不能完全地证实或驳倒人类的任何表象。这个标准也是这样的'不确定'，以便不让人的知识变成'绝对'，同时它又是这样的确定，以便同唯心主义和不可知论的一切变种进行无情的斗争。"② 实践检验真理标准是确定的，这是唯物主义可知论的基本立场；实践标准具有不确定性，并不是模棱两可的意思，而是指世界是不断发展中的，人的实践也是不断发展中的，许多认识还有待深化，人的实践暂时还不可能提供最终的正确答案，例如我

---

① 《毛泽东选集》第 1 卷，人民出版社，1991，第 296~297 页。
② 《列宁选集》第 2 卷，人民出版社，2012，第 103 页。

们还不能确定地检验出某些科学假说或理论预测是正确的还是错误的。实践作为检验真理的标准，既有确定性，又有不确定性。因此，实践标准之所以是确定性与不确定性的统一，就在于世界是处于不断运动发展过程中的，真理不是静止的，也是处在不断的丰富发展过程中的。

实践标准的确定性即绝对性，是指实践作为检验真理标准的唯一性、彻底性、最终性，离开实践，再也没有其他的客观标准和发展标准了。"无论何人要认识什么事物，除了同那个事物接触，即生活于（实践于）那个事物的环境中，是没有法子解决的。"① 可以说，实践标准的确定性，是由人们亲身所处的实践活动的确定性和发展性所决定的。换言之，人们在实践中所碰到的千丝万缕的现实联系、异常复杂微妙的问题域、切身相关的发展前途，是任何理论体系、知识学说都无法代替的。当前的实践暂时不能给出真理的答案，但不断发展着的实践终会给出真理的答案，也会不断发展形成人类所需要的真理体系。进一步讲，真理不仅是理论或认识本身是否为真理的检验标准，而且理论或认识本身只有在生动的实践中才能不断得以发展。承认实践标准的客观性和唯一性，也就必然承认实践标准的确定性。否认实践标准的确定性，将导致唯心主义、怀疑论和神秘主义。

实践标准的不确定性即相对性，是指实践作为检验真理标准的条件性。一方面，任何实践都会受到主客观条件的制约，因而不可能完全证实或驳倒一切错误的认识；另一方面，实践是社会的、历史的实践，由于历史条件是不断发展变化的，实践的检验或实践本身是不断发展的，人们由此所需要的真理性认识也是不断发展的。这时候实践检验真理的标准就必然表现出相对性、条件性和不确定性。换言之，如果一种真理性认识能够被实践绝对地、永恒地、一劳永逸地予以确证，这种认识的生命力也就终止了。

马克思和恩格斯在《德意志意识形态》中说："人们为了能够

---

① 《毛泽东选集》第 1 卷，人民出版社，1991，第 286~287 页。

'创造历史'，必须能够生活。但是为了生活，首先就需要吃喝住穿以及其他一些东西。"① 从根本的源头上讲，实践是检验真理的唯一标准，这是实践标准的确定性。同样，也只有在实践中真理才能获得发展，这是实践标准的不确定性、相对性、条件性和发展性。列宁也多次指出，人的反映不是简单的照镜子的活动，而是一个曲折的认识过程。他说："智慧（人的）对待个别事物，对个别事物的复制（＝概念），不是简单的、直接的、照镜子那样死板的行为，而是复杂的、二重化的、曲折的、有可能使幻想脱离生活的行为；不仅如此，它还有可能使抽象概念、观念向幻想（最后＝上帝）转变（而且是不知不觉的、人所意识不到的转变）。"② 列宁的深刻论述说明了马克思主义真理观的实践标准是确定性和不确定性的统一，实践除了会形成真理、检验真理和发展真理，也有可能会导致机械唯物主义、形而上学，甚至会形成唯心主义、不可知论和神秘主义。这是我们坚持马克思主义真理观的实践标准必须防止的情况。坚持实践标准的确定性和不确定性的统一，既有利于我们坚持解放思想、实事求是，一切从实际出发，在实践中检验真理和发展真理的实事求是思想路线，坚持好辩证唯物主义和历史唯物主义，也同样需要我们时刻注意用马克思主义的真理论反对非马克思主义的真理论，始终要注意同教条主义和经验主义等主观主义进行斗争，在真理标准问题上既要反对右倾保守主义，又要反对"左"倾激进主义。

第三节　价值及其评价的基本特征

为了满足自身生存和发展的需要，人既要认识世界又要改造世界，既要把握真理又要实现价值。在这一过程中，不仅存在主观"为什么

---

① 《马克思恩格斯文集》第 1 卷，人民出版社，2009，第 531 页。
② 《列宁全集》第 55 卷，人民出版社，2017，第 317 页。

能够”符合客观的真理问题，而且存在主观“为什么要”符合客观，即按照主体的需要认识世界和改造世界的价值问题。在《〈资本论〉法文版序言和跋》中，马克思为我们揭示了这样一条真理。“在科学上没有平坦的大道，只有不畏劳苦沿着陡峭山路攀登的人，才有希望达到光辉的顶点。”① 可以说，没有真理，人们无法实现价值；同样，没有价值追求，人也不可能去不断发展和揭示真理；在实践检验中，判断真理的标准还在于其是否能够更好地实现价值。

一　价值的本质

价值是反映主体和客体之间意义关系的哲学范畴，是客体对个人、群体乃至整个社会的生活和活动所具有的意义。著名学者王玉樑批判了当代西方价值哲学，“不仅在价值基本理论上陷入混乱，而且其价值追求功利化、低俗化，也导致西方社会文化道德生活与道德理论陷入混乱与危机，不利于社会的全面进步与人的健康发展”，强调西方价值哲学所坚持的价值的本质是“满足需要论”。“这种价值实际上是使用价值，而不是哲学价值。因为使用价值的特点就是指物能满足人们的某种社会需要，对人有用，使人愉快，等等，而不论需要是否合理，而有使用价值的东西不一定是善的；而哲学价值则必定是善的。哲学价值的本质在于使人发展完善，使人类社会更美好。”② 在马克思主义真理观中，价值与真理是辩证统一的，价值的本质是真善美统一的价值，既追求眼前价值又实现长远价值，既重视物质利益又强调理想、信念、道德的作用，集中体现为不断推动政治、经济、社会、文化、生态文明共同发展的“富强、民主、文明、和谐、自由、平等、公正、法治、爱国、敬业、诚信、友善”的社会主义核心价值观。

马克思在《1844 年经济学哲学手稿》中说：“动物只是按照它所

---

① 《马克思恩格斯文集》第 5 卷，人民出版社，2009，第 24 页。
② 王玉樑：《实事求是价值哲学研究》，人民出版社，2021，第 91 页。

属的那个种的尺度和需要来构造，而人却懂得按照任何一个种的尺度
来进行生产，并且懂得处处都把固有的尺度运用于对象；因此，人也
按照美的规律来构造。"① 在这里，"任何一个种的尺度"就是我们通
常所理解的客体尺度；"固有的尺度"就是主体尺度。进一步讲，客
体尺度可以理解为客体的性质、结构、功能，主要是指客观规律；主
体尺度可以理解为主体的状态、趣味、追求，核心内涵是主体需要。
在价值本质问题上，人的价值既体现了客观的各种各样物的发展规律，
也体现了主观的人的发展需要。在价值的本质问题上，存在客观主义
价值论和主观主义价值论的对立。客观主义价值论忽略了价值的本质
是人从自身的全面发展出发运用各种对象性尺度来为人服务，而单纯
认为价值就是客体本身所固有的，而与主体无关。相反，主观主义价
值论忽略了价值的本质是人为了自身的发展而对各种客观的物的尺度
的运用，而单纯认为价值就是主体的欲望、情感和兴趣，而与客体无
关。这两种观点要么只看到了价值的人的一面，要么只看到了价值的
物的一面，都是把人的尺度和物的尺度对立了起来。实际上，价值体
现的是主体和客体、人和物、社会和自然之间的一种特定的物质与能
量交换关系，表现的是满足人的全面发展需要的客体与人之间的意义
关系。价值是主体的需要，但也离不开人对客体的性质、结构、属性、
功能以及发展规律的把握。价值既具有主体性特征，又具有客观基础，
是主体和客体发展规律的内在契合。

马克思指出："'价值'这个普遍的概念是从人们对待满足他们需
要的外界物的关系中产生的。"② 从本质上讲，价值是一个关系范畴，
是主客体相互作用的产物，是客体属性对主体需要满足的效应。说到
底，主体与客体的关系以及客体属性对主体需要满足的效应，体现了
价值及其实现的根本源泉是实践。价值在人的对象性的实践活动中得

---

① 《马克思恩格斯文集》第 1 卷，人民出版社，2009，第 163 页。
② 《马克思恩格斯全集》第 19 卷，人民出版社，1963，第 406 页。

以形成，体现为人与自然、主体与客体相互关系的日益完善。人的自觉的实践，明确地区分出主体和客体、主观与客观、人与自然、社会与自然。这就为不断实现人的价值需要奠定了实践基础。正如马克思所说："全部社会生活在本质上是实践的。凡是把理论引向神秘主义的神秘东西，都能在人的实践中以及对这种实践的理解中得到合理的解决。"① 随着人类社会实践的不断进步，人的价值内容和实现形式都会不断得以发展，进一步推动人的日益全面发展和日益完善。应该强调的是，在价值关系中，价值的生成是以主体为轴心的，同时以客体发展为基础。价值是人的各方面需要的充分满足，人由此也不断能动地创造着价值。实践是不断完善人与自然、人与社会、人与人之间关系的现实基础，因而必然是价值生成的总源泉。只有立足于实践，着眼于"以每一个个人的全面而自由的发展为基本原则"②，才能真正理解和把握价值的本质。

二 正确把握价值的基本特性

由价值是主体尺度和客体尺度相统一，是客体属性对主体需要满足的效应的本质可以推知，价值具有主体性、客观性、多维性和社会历史性四个基本特性。

第一，价值的主体性。人始终是价值的主体和中心，没有人就无所谓价值，尽管还存在使用价值。因此，主体性是价值的首要的基本特性。其一，价值关系的形成离不开主体的存在。不同的主客体关系，对应不同的价值存在。例如，药物的价值固然以药物本身的属性为前提，但确实是人认识了这种属性并用于治疗各种疾病，才使得药物的属性现实地具有了某种价值。在人的作用下，相同的属性却具有不同的价值，如有些药物对有些病人而言可以治病，对有些病人而言则可

---

① 《马克思恩格斯选集》第 1 卷，人民出版社，2012，第 135~136 页。
② 《马克思恩格斯文集》第 5 卷，人民出版社，2009，第 683 页。

能是致命的。因此，在这个意义上，价值的主体性决定了价值的相对性、条件性，会随着主体、客体以及主客体关系的变化而变化。其二，价值关系的形成离不开主体的创造，它能使客体潜在的价值转化为现实的价值。没有主体，就没有人的实践活动。离开了人的创造各种价值关系的实践活动，也就不存在主客体之间的价值效应关系。当人的实践活动不断作用于对象世界，对象世界才会与人构成价值关系，对人而言才具有现实的价值。随着实践和认识的发展，人们发现和掌握了更多的客体的属性，从而在主客体的实践关系中把客体自身的自然属性转化为现实的价值。因此，主客体之间的价值效应关系并不是现成的自然关系，而是主体与客体之间在实践基础上的历史生成关系，体现的是主体的实践创造能力。

第二，价值的客观性。虽然不能像客观主义价值论所理解的那样，认为价值完全是客观的，但也要看到价值具有客观性。价值的客观性是指在一定条件下客体对于主体的意义不依赖于主体的主观意识而存在。"因为作为主体的人是客观存在的，作为对象的客体其基本特性是客观性，主体与客体的相互作用是客观存在的，客体对主体的作用和影响，即客体对主体的效应必然也是客观的。"[1] 在社会主义建设过程中，一定要坚持价值的客观性，即要客观地掌握价值实现的客观规律，切实推动社会的全面发展，人的价值才能得以实现。在改革开放过程中，邓小平指出："从一九五八年到一九七八年这二十年的经验告诉我们：贫穷不是社会主义，社会主义要消灭贫穷。不发展生产力，不提高人民的生活水平，不能说是符合社会主义要求的。"[2] 今天，我们只有切实全面推动社会主义现代化建设，才能真正为实现人的价值奠定坚实的客观基础。

承认了价值的客观性，就等于承认了价值的确定性。价值作为一

---

① 王玉樑：《当代中国价值哲学》，人民出版社，2004，第99页。
② 《邓小平文选》第3卷，人民出版社，1993，第116页。

种客观存在，不应该以人们对它的认识和评价为转移。认识和评价可以反映价值，但不能任意创造和降低乃至消灭价值。因此，上文谈到的价值的主体性是依赖于价值的客观性，或者说，价值的主体性是以价值的客观性为前提来发挥作用的。其一，价值主体的存在和需要是客观的，是必然要实现的。这是我国新时代社会主要矛盾转化的价值观依据。随着新发展阶段社会主要矛盾的转化，发展新质生产力着眼于实现人民美好生活，充分满足人民在民主、法治、公平、正义、安全、环境等方面的新要求。其二，客体的存在、属性及作用是客观的。客体能否满足主体需要，并不由人的主观愿望决定，而是由客体客观存在的性质、属性等决定。

第三，价值的多维性。马克思在《资本论》中说："每一种有用物，如铁、纸等等，都可以从质和量两个角度来考察。每一种这样的物都是许多属性的总和，因此可以在不同的方面有用。发现这些不同的方面，从而发现物的多种使用方式，是历史的事情。"① 价值的多维性是指客体对主体的价值需要的满足是多样的和多层次的。例如，我们既可以从体育本身，也可以从商业、文化、政治视角来欣赏奥运会比赛节目。本质上讲，价值的多维性体现的是主体与客体之间实践关系的多样性、丰富性。

第四，价值的社会历史性。主体和客体的价值关系的基本特性不能忽略其所承载的社会历史性。价值关系中的主体是在一定社会关系中具体的人，是属于不同阶级的。其一，随着实践和历史的发展，主体和客体以及主客体之间的关系发生变化，导致人们对客体价值的判断也发生改变，人类实践所创造出来的价值关系也将更为丰富多样。其二，人类社会的阶层划分，决定了只有先进阶级才更能带领广大人民群众去实现富强、民主、文明、和谐、自由、平等、公正、法治、爱国、敬业、诚信、友善的社会主义核心价值观。

---

① 《马克思恩格斯文集》第5卷，人民出版社，2009，第48页。

三 价值评价的基本要求

价值评价也称为价值判断，是主体从自身需要出发而对客体的价值以及价值大小所作的评判或判断。价值评价贯穿于整个价值活动中，是主体进行价值创造和价值实现的前提。有了正确的价值评价和判断，才有可能现实地创造出先进的价值。正因为如此，在当下这个新时代我们应当特别强调培育和践行社会主义核心价值观，强调要把共产主义远大理想和中国特色社会主义共同理想结合起来。可以说，价值评价在社会生活中运用很广，对社会生活有重大影响。价值评价通过揭示客体对于主体的意义，形成对客体的不同态度，如肯定或否定、喜欢或反感、美或丑、善或恶、公正或偏私等。正确进行价值评价，要以真理为根据，既要充分尊重社会发展规律，又要始终坚持满足最广大人民的价值需要。

正确的价值评价活动，有助于推动主体以自身的需要作为内在尺度创造出有利于主客体发展的价值存在。在价值评价活动中，价值评价的基本要求如下。

第一，价值评价应准确认识主客体之间的价值关系。人类认识包括知识性认识与评价性认识两个方面，没有正确认识客观事物及其发展规律的知识性认识，评价性认识就不可能是正确而全面的。知识性认识就是正确认识主客体及其价值关系，遵循的是客观事物及其发展规律，反映的是客体本身的属性、关系和发展过程，探究的是价值"是什么"，追求的是"真"的价值关系。价值评价则是在此基础上，充分考虑主体的意向、愿望和要求，它包含着追求更为宏远的价值目标，追求的是"应该怎样"，评价目的是求得"真"、"善"和"美"的统一。

第二，价值评价要以正确评价主体为前提。苏格拉底提出，认识你自己。孔子强调，吾日三省吾身。正确的价值评价必须以正确评价主体为前提，由此才能正确揭示和表达客体对于主体的意义。在价值评价中，正确反映和把握价值关系的评价，需要正确认识主体及其价值需要。从层次上讲，主体包括个体主体、群体主体、阶级主体、民族主体、社会主体、国家主体和人类主体。那么，主体的价值需要相应地分为个体需要、群体需要、阶级需要、民族需要、社会需要、国家需要、人类需要。这些主体的价值需要在现实生活中可能存在差异或矛盾，甚至是对立的。"事实是属于客观的历史进程，价值评价是关于事实价值的主体判断。但真正具有价值的有教育意义的评价，必须尊重事实，以事实为基础。任何建立在歪曲事实、伪造事实基础上的所谓价值评价，是最没有价值的价值评价。"[①] 因此，评价外在客体有无价值，必须正确认识"是对谁的价值"和"以谁的需要为尺度"等，还需要处理好历史事实和价值事实的辩证关系。价值评价不仅要判断客体对于个人主体的意义，更要站在历史的高度，准确认识其对于个体、群体、阶级、民族、社会、国家以及人类的意义，体现主体与客体、历史与价值的高度统一。

第三，价值评价应正确认识客体状况和充分满足主体需要。价值评价不仅是关于主客体之间价值关系的准确认识，而且是对主体价值需要的更好满足。能否作出正确判断，以至于不断实现主体的价值需要，取决于人对客体和主体发展规律的双重认识，以及对主体的价值需要的正确认识和充分满足。只有对主体和客体都有了正确认识，才能对主客体间的价值关系作出正确评价。例如，新时代我国社会主要矛盾已经转化为人民日益增长的美好生活需要和不平衡不充分的发展之间的矛盾。社会主要矛盾的正确判断体现了我们既准确认识了客体状况，又充分满足了主体在客体世界中的发展要求，推动了主体和客体关系向更高层次的发展。

第四，价值评价应做到客观公正和全面有效。价值评价只有坚持以最广大人民的价值需要为根本，才能确保人民群众始终是推动社会

---

① 陈先达：《马克思主义十五讲》，人民出版社，2017，第146页。

历史进步的根本动力，价值评价才有可能是客观公正和全面有效的。习近平指出："全党同志要把人民放在心中最高位置，坚持全心全意为人民服务的根本宗旨，实现好、维护好、发展好最广大人民根本利益，把人民拥护不拥护、赞成不赞成、高兴不高兴、答应不答应作为衡量一切工作得失的根本标准。"① 客观公正、全面有效的价值评价才是科学的评价，蕴含着实现更好发展和更大价值需要的可能性与现实性。相反，非科学的价值评价是歪曲、遮蔽客观的价值关系的评价，最终是不可能创造出经得住历史、时代和人民检验的价值的。

第四节　在实现真理与价值辩证发展中不断弘扬科学精神与人文精神

人的实践活动体现了真理与价值的辩证统一，而要自觉实现真理与价值的辩证统一，必须坚持弘扬科学精神与人文精神。只有科学精神，还不足以确保我们的实践是科学的实践，不能够确保人类探索真理发展之路沿着正确的方向前进。同样，只有人文精神，也无法确保我们的实践始终在科学真理的指引之下，不确保能够真正对人的价值保持最大的尊重，不确保社会实践活动在历史逻辑和时代潮流中不断进步。

一　人的实践活动中的真理尺度和价值尺度

马克思在《1844 年经济学哲学手稿》中论述了人的生产与动物的生产的区别。"通过实践创造对象世界，改造无机界，人证明自己是有意识的类存在物，就是说是这样一种存在物，它把类看做自己的本质，或者说把自身看做类存在物。诚然，动物也生产。动物为自己营造巢穴或住所，如蜜蜂、海狸、蚂蚁等。但是，动物只生产它自己或

---

① 《习近平谈治国理政》第 2 卷，外文出版社，2017，第 40 页。

它的幼仔所直接需要的东西；动物的生产是片面的，而人的生产是全面的；动物只是在直接的肉体需要的支配下生产，而人甚至不受肉体需要的影响也进行生产，并且只有不受这种需要的影响才进行真正的生产；动物只生产自身，而人再生产整个自然界；动物的产品直接属于它的肉体，而人则自由地面对自己的产品。"① 与动物相比，人的实践是理论指引下的，以改造世界为目的，是全面的、不受肉体支配的、自由的。从本质上讲，人们的实践活动既受真理尺度也受价值尺度的制约，是在认识和运用客观规律前提下的自由自觉的活动。在实践中遵循正确反映客观事物本质和规律的真理尺度，确保了实践的合规律性，是对世界的整体认识和改造，因而确保了实践是人的自由活动；在实践中按照人自己的尺度和需要去认识世界和改造世界的价值尺度，确保了实践的合目的性，是人的本质的丰富发展，是人类社会的全面进步。一方面，要想达到实践的目的以满足人类自身的需要，就必须"认识真理，掌握真理，信仰真理，捍卫真理"②。脱离了真理尺度，价值尺度就偏离了合理的、正确的轨道。另一方面，人类自身需要的内在尺度，推动着人们不断发现新的真理。

任何成功的实践都是真理尺度和价值尺度相统一的结果。合规律性决定了实践有成功的可能性、必然性，合目的性决定了实践有成功的现实性，两者相统一共同决定了实践一定成功。例如，2007 年 10 月 24 日 18 时 05 分，搭载着我国首颗探月卫星嫦娥一号的长征三号甲运载火箭在西昌卫星发射中心三号塔架点火成功发射，"嫦娥一号"带着国人的祝福，执行中国首次"探月"之旅。"嫦娥一号"的升空，使中国成为太空利益攸关方，成为拥有一定实力和地位的空间大国。2024 年 5 月 3 日 17 时 27 分，搭载嫦娥六号探测器的长征五号遥八运载火箭在中国文昌航天发射场发射。6 月 6 日 14 时 48 分，嫦娥六号上

---

① 《马克思恩格斯文集》第 1 卷，人民出版社，2009，第 162~163 页。
② 《习近平谈治国理政》第 2 卷，外文出版社，2017，第 50 页。

升器成功与轨道器和返回器组合体完成月球轨道的交会对接，并于 15 时 24 分将月球样品容器安全转移至返回器中。此次嫦娥六号任务还搭载了欧空局月表负离子分析仪、法国氡气探测仪、意大利激光角反射镜、巴基斯坦立方星。中国的"嫦娥工程"启动于 2004 年。实际上，中国从 20 世纪末就开始准备了探月工作，1994 年进行了探月活动必要性和可行性研究，1996 年完成了探月卫星的技术方案研究等。漫漫数十载，"嫦娥工程"取得了令世界瞩目的伟大成就。正如习近平总书记所概括的那样，中国航天人身上体现了追逐梦想、勇于探索、协同攻坚、合作共赢的探月精神。[1] 中国航天实践的成功既体现了"勇于探索、协同攻坚"的真理尺度，也包含"追逐梦想、合作共赢"的价值尺度。

新时代中国特色社会主义的伟大实践，充分体现了马克思主义科学社会主义事业的真理尺度与价值尺度的具体的、历史的统一。习近平总书记指出："中国共产党人的理想信念，建立在马克思主义科学真理的基础之上，建立在马克思主义揭示的人类社会发展规律的基础之上，建立在为最广大人民谋利益的崇高价值的基础之上。我们坚定，是因为我们追求的是真理。我们坚定，是因为我们遵循的是规律。我们坚定，是因为我们代表的是最广大人民根本利益。"[2] 新时代中国特色社会主义的伟大实践，符合科学社会主义的理论逻辑与中国社会发展的历史逻辑有机统一的真理尺度，既深化了对共产党执政规律、社会主义建设规律、人类社会发展规律的认识，又丰富发展了社会主义初级阶段社会生产力发展规律、生产关系适应生产力发展的规律。与此同时，新时代以来党和国家事业能够取得伟大成就，充分体现了中国共产党人有着"为中国人民谋幸福、为中华民族谋复兴"的初心使命的价值尺度。中国共产党人深知，新长征路上要取得新时代

---

[1] 《习近平在接见探月工程嫦娥六号任务参研参试人员代表时发表重要讲话强调 再接再厉 乘势而上 加快建设航天强国》，《人民日报》2024 年 9 月 24 日，第 1 版。

[2] 《习近平谈治国理政》第 2 卷，外文出版社，2017，第 50 页。

中国特色社会主义的继续胜利，就必须坚持实事求是的思想路线，立足中国国情，把握时代主题，破解时代课题，决不做狭隘的经验主义者，也不做"空谈世界大同"的理想主义者。

二　真理和价值的辩证关系要求坚持科学精神与人文精神辩证统一

在人类实践活动中，没有真理是不具有价值的，只要是合乎人的价值发展需要的规律性认识最终都要上升为整个社会共同遵循的真理。真理和价值具有不可分割的辩证统一关系。真理是符合客观事物发展规律并有助于推动人的全面发展、实现人的价值需要的正确认识。同时，真理也具有实践内涵，实践是真理之源。人类在实践活动中认识了世界，获得了真理性认识，并以真理性认识为指引，在推动实践检验过程中将认识发展为真理。价值是揭示外部客观世界对于满足人的需要的意义关系的范畴，是指具有特定属性的客体对于主体需要的意义。其中，符合价值尺度，也是实践检验真理的重要组成部分。前面谈到，价值具有客观性、主体性、多维性和社会历史性等四个基本特性。实际上，真理同时也具有客观性、主体性、多维性和社会历史性。歌德在《浮士德》第一部《书斋（二）》中说过这样一个经典名句："所有理论都是灰色的，生活的金树常青。"① 只有真理而没有价值的世界，对人类而言是灰色的。只有把真理与价值统一起来，人类才是富有生命力的。这启发我们，要实现真理与价值的辩证统一，必须坚持科学精神与人文精神的辩证统一。

习近平总书记2020年4月23日在给参与"东方红一号"任务的老科学家回信时指出："新时代的航天工作者要以老一代航天人为榜样，大力弘扬'两弹一星'精神，敢于战胜一切艰难险阻，勇于攀登航天科技高峰，让中国人探索太空的脚步迈得更稳更远，早日实现建

---

① 〔德〕歌德：《浮士德》，绿原译，人民文学出版社，1994，第50页。

设航天强国的伟大梦想。"① 半个多世纪之前，一批年轻的科研工作者以自己不悔青春投身祖国航天事业，发愤图强、埋头苦干，实现了新中国核科学技术和航天技术"零"的突破，创造了令各族中华儿女自豪的非凡成就。参与"两弹一星"事业的科研工作者所创造的丰功伟业泽被华夏，他们用自己的生命和汗水铸就的"热爱祖国、无私奉献，自力更生、艰苦奋斗，大力协同、勇于登攀"的"两弹一星"精神依然让我们所铭记。"两弹一星"精神，既体现为敢于战胜一切艰险、勇攀科技高峰的科学精神，又体现为报国为民、无私奉献的人文精神。科学精神与人文精神的相互依存、辩证统一，使"两弹一星"精神在新时代展现出鲜活生命力和强大号召力，闪耀着不断激励新时代建设者继续创造人间奇迹的科学精神和人文精神，铸就了一座有温度、有情怀、有信仰的真理丰碑和精神丰碑。

坚持真理和价值的辩证统一不是一个理论逻辑问题，而是一个实践创造问题。马克思对他的女婿保尔·拉法格说："科学绝不是一种自私自利的享乐。有幸能够致力于科学研究的人，首先应该拿自己的学识为人类服务。"② 我国 14 亿多人民日益增长的美好生活需要，对大力推动我国科技创新，建设科技强国提出了更高的要求。从以"两弹一星"、载人航天、嫦娥探月为代表的大国重器，到以大数据、云计算、生物工程、人工智能、无人驾驶等为代表的科技革命和产业变革，正在形成以高科技、高效能、高质量为特征的新质生产力，对人类生产方式、生活方式、价值理念产生深刻影响。科技工作者们不断探索未知领域、勇攀科技高峰的科技创新精神，以及造福人民、奉献祖国的人文精神，不断推动着中华民族伟大复兴的中国梦的实现，迸发出科学精神和人文精神相互映照的创新活力，不断推动真理和价值

---

① 《习近平给参与"东方红一号"任务的老科学家回信强调 敢于战胜一切艰难险阻 勇于攀登航天科技高峰》，《人民日报》2020 年 4 月 25 日，第 1 版。

② 中共中央马克思恩格斯列宁斯大林著作编译局资料室编《马列著作编译资料》第 7 辑，人民出版社，1980，第 57 页。

的辩证统一。当前，实现"两个一百年"奋斗目标、实现中华民族伟大复兴的中国梦，是全体中华儿女的共同愿望，这就需要不断推动科技创新与经济社会发展深度融合，推动科学精神与人文精神的有机统一，不断塑造更多依靠创新驱动、更多发挥先发优势的引领型发展。因此，始终坚持科学精神与人文精神的有机统一，是实现真理与价值辩证统一的精神保证。

三　正确实现科学精神与人文精神的有机统一

大家都知道，科学精神是人们在实践中坚持真理、尊重科学，严格按照科学规律办事的求真、求实的自觉意识。科学精神的内涵包括：第一，坚持以科学的实事求是精神去认识和改造世界，努力排除消极的主观因素对认识和实践活动的干扰；第二，把追求真实、反对虚假看作人们进行科学实践活动的基本品格；第三，崇尚理性思维，注意排除非理性的情感、习惯等因素的消极影响；第四，不承认科学有禁区，积极探索一切未知领域的奥秘，反对自我束缚。

人文精神则是人们在实践中形成的尊重人、爱护人，时刻关注人类利益和人类发展的求善、求美的自觉意识。人文精神的内涵包括：第一，自觉把人的利益和人的发展看作一切认识和实践活动的出发点，坚持以人为本的实践原则；第二，从人的现实利益和发展要求出发，把追求美好作为认识和实践活动的重要目标；第三，既崇尚理性，又积极调动和诉诸情感、意志等非理性形式，充分展示自己丰富的内心世界和精神面貌；第四，时刻要求践行体现人类利益和发展要求的价值标准。

"科学是一种在历史上起推动作用的、革命的力量。"[1] "劳动生产力是随着科学和技术的不断进步而不断发展的。"[2] 伴随着资本主义第

---

① 《马克思恩格斯文集》第 3 卷，人民出版社，2009，第 602 页。
② 《马克思恩格斯文集》第 5 卷，人民出版社，2009，第 698 页。

一次科技革命和工业革命的到来，人类进入了科学时代，充分开发和运用了自然力、人力、化学力、交通力、机器力。"资产阶级在它的不到一百年的阶级统治中所创造的生产力，比过去一切世代创造的全部生产力还要多，还要大。自然力的征服，机器的采用，化学在工业和农业中的应用，轮船的行驶，铁路的通行，电报的使用，整个整个大陆的开垦，河川的通航，仿佛用法术从地下呼唤出来的大量人口——过去哪一个世纪料想到在社会劳动里蕴藏有这样的生产力呢？"① 科学技术的发明和运用，推动了人类从传统社会进入了现代社会。各个民族国家突然之间就从原本身处的几乎相互隔绝的广袤大洲进入了一个拥挤而喧嚣的"地球村"。是否具有能够迅速推动科学技术发展和应用的科学精神，是一个民族能否在日趋激烈的国际竞争中处于领先地位，能否在日益加速的科技革命和产业革命中占据主动的关键。当代大学生所处的时代要求和其肩负的历史使命，无不要求他们必须以科学精神来武装头脑，启迪智慧，培养创新能力。

伴随着现代科学技术的发展和应用，人类社会不断释放出现代科技的强大力量，也尽情享受着现代文明带给人类的发展便利。与此同时，越来越多的国家和人民见证了现代科技所造成的发展悖论，例如粮食危机、生态恶化、地区冲突、贫富分化、经济危机、精神空虚等。各国日益达成了发展共识：人类要实现健康全面发展，除了掌握现代科技，更加不能失去每个人都依赖存在的精神家园，必须正确实现科学精神与人文精神的有机统一。

（一）坚持大力发展社会生产力

大力发展社会生产力，着眼于社会的整体进步，意味着推动物质文明和精神文明、人与自然的协调发展。只有这样，才能为实现政治民主、经济繁荣、科技进步、社会和谐、生态文明，才能为实现科学精神和人文精神有机统一奠定坚实基础。一方面，发展现代经济和现

---

① 《马克思恩格斯文集》第 2 卷，人民出版社，2009，第 36 页。

代产业体系，除了要推动技术和业态模式层面的创新，还包括管理和制度层面的创新；另一方面，人类在推动科技创新过程中，更加要注意培养现代劳动者的人文精神素养，在实现科学精神与人文精神有机统一的过程中，为科技创新和产业创新指引正确方向。

（二）坚持走好中国式现代化道路

中国式现代化道路是人口规模巨大、全体人民共同富裕、物质文明和精神文明相协调、人与自然和谐共生、走和平发展道路的现代化。[①] 坚持中国式现代化道路，才能避免人与社会的片面发展，实现以人为本、全面协调可持续发展。不断推动全面建设社会主义现代化过程，整个社会才能由此形成"崇尚创新、尊重人才、热爱科学"的科学精神与人文精神有机统一的良好氛围。

（三）不断畅通教育、科技、人才的良性循环

2024 年 1 月 31 日，习近平在中共中央政治局第十一次集体学习时的讲话中指出："要按照发展新质生产力要求，畅通教育、科技、人才的良性循环，完善人才培养、引进、使用、合理流动的工作机制。要根据科技发展新趋势，优化高等学校学科设置、人才培养模式，为发展新质生产力、推动高质量发展培养急需人才。"[②] 今天中国已经进入了高质量发展新阶段，内在要求和关键着力点在于加快发展新质生产力。畅通教育、科技、人才的良性循环，为加快发展新质生产力奠定了基础，也极大地推动了科学精神和人文精神的有机统一。

---

① 《党的二十大报告辅导读本》编写组编著《党的二十大报告辅导读本》，人民出版社，2022，第 20~21 页。

② 《习近平在中共中央政治局第十一次集体学习时强调 加快发展新质生产力 扎实推进高质量发展》，《人民日报》2024 年 2 月 2 日，第 1 版。

坚持马克思主义理论才能取得新时代伟大成就

　　新的征程上，我们必须坚持马克思列宁主义、毛泽东思想、邓小平理论、"三个代表"重要思想、科学发展观，全面贯彻新时代中国特色社会主义思想，坚持把马克思主义基本原理同中国具体实际相结合、同中华优秀传统文化相结合，用马克思主义观察时代、把握时代、引领时代，继续发展当代中国马克思主义、21世纪马克思主义！①

　　《纽约时报》专栏作家托马斯·弗里德曼的《世界又热又平又挤》有一章的标题是"做一天中国（仅仅是一天）"，他写道："如果需要的话，中国领导人可以克服官僚主义的障碍，彻底变革价格水平、规章制度、标准、教育、基础设施，以维护国家长期战略发展的利益。而这些议题若换在西方国家讨论和执行，恐怕要花几年甚至几十年的时间。""那就是为什么我希望我们能做一天的中国——但仅仅是一天——在这一天里，制定所有正确的税收法律、各项规章，以及一切

---

① 习近平：《在庆祝中国共产党成立100周年大会上的讲话》，《人民日报》2021年7月2日，第2版。

有利于建立清洁能源系统的标准——这对华盛顿的价值将远大于对北京的价值，因为一旦上级颁布命令，我们就克服了民主制度最差的部分（难以在和平时期做出重大决策）。"①

弗里德曼希望美国可以做一天中国，初衷是因为中国政府务实为民的高效率，中国速度在世界上是绝无仅有的。许多西方政治家看到了中国奇迹在于中国政治制度本身的优势。

第一，可以制定国家长远的发展规划和保持政策的稳定性；

第二，能在应对挑战和机遇，特别是灾难事件时，做出及时有效的反应；

第三，能够在社会转型期这一特殊时期内有效遏制公职人员特别是官员的腐败；

第四，在于中国政府是一个负责任的政府；

第五，在于严格的政治人才培养和选拔机制，以及避免人才的浪费；

第六，在于它可以真正代表全体人民。

……

虽然西方政治家们可以把这样的优势无限列下去，但依然不能把握中国奇迹的"实质"和"根本原因"。西方研究者把中国奇迹主要是经济奇迹或政治奇迹，归因于中国的政治制度。其实，政治和经济一样，只是社会基本制度的一个组成部分。我国当前所处的社会主义初级阶段实行的是中国特色社会主义制度。换言之，社会主义初级阶段所取得的伟大成绩要归因于中国特色社会主义制度本身。

---

① 〔美〕弗里德曼：《世界又热又平又挤》，王玮沁等译，湖南科学技术出版社，2009，第355页、第356页。

第一节　中国正在走什么样的道路

一　道路决定了中国的发展命运

今天，我们所取得的社会主义初级阶段的伟大成就不是一蹴而就的，中国特色社会主义制度本身的选择也经过了历史的筛选。十年"文化大革命"之后，为了克服超越阶段的"左"倾错误观念，坚持社会主义基本制度，以邓小平同志为核心的党的第二代中央领导集体在总结历史经验的基础上，开展了对我国社会主义发展规律的独立探索。这一点上，邓小平同毛泽东一样，既很好地做到了在中国具体实践中去独立自主地应用马克思主义，也积极探索了如何去丰富与发展马克思主义，把马克思主义基本原理更好地与中国改革开放实践相结合，最终在实践中形成了邓小平理论。

邓小平既是我们党第一代中央领导集体的重要成员，又是第二代中央领导集体的核心。终其一生，邓小平都特别重视对我国过去一段时期所走的曲折道路进行认真的总结和深刻的反思。这一点，通过阅读《邓小平文选》第2卷和第3卷的重要文章可以明显地看出来。根据马克思主义认识论，人的认识从根源上说来自实践，特别是来自对错误实践经验的反思和经验总结。在对过去失误进行反思的过程中，邓小平坚持过去建设社会主义最根本的失误就是实行了一些超越阶段的"左"的政策，坚持以"阶级斗争为纲"，忽视了生产力的发展，这一反思确立了从发展生产力的角度来观察和思考问题的新思路。

邓小平在1984年10月10日会见联邦德国总理科尔时强调："其实，拨乱反正在一九七五年就开始了。那时我主持中央党政工作，提出了一系列整顿措施，每整顿一项就立即见效，非常见效。"[1] 邓小平

---

[1] 《邓小平文选》第3卷，人民出版社，1993，第81页。

所强调的整顿措施，就是指强调以经济建设为中心，大力恢复生产力，集中力量来发展生产力的措施。这种总结和反思，应该说是在党的十一届三中全会后才真正得以实践，并极大地丰富和发展了马克思主义，特别是建立和发展了有关在一个处于全球化时代的生产力比较落后的农业大国如何进行社会主义建设的理论。

　　1980 年邓小平宣布中国要以经济建设为中心，告别过去"以阶级斗争为纲"的时代。"革命是要搞阶级斗争，但革命不只是搞阶级斗争。生产力方面的革命也是革命，而且是很重要的革命，从历史的发展来讲是最根本的革命。"[①] 生产力方面的革命是最根本的革命，这为五年后邓小平提出的"改革是中国的第二次革命"[②] 奠定了理论基础。换言之，改革之所以是中国的第二次革命，原因就在于生产力革命是最根本的革命，必须大力发展生产力，尽快在中国拉开改革开放的历史序幕。

　　1980 年 5 月 5 日，在会见几内亚总统杜尔时，邓小平强调："根据我们自己的经验，讲社会主义，首先就要使生产力发展，这是主要的。只有这样，才能表明社会主义的优越性。社会主义经济政策对不对，归根到底要看生产力是否发展，人民收入是否增加。这是压倒一切的标准。空讲社会主义不行，人民不相信。"[③] 正如党的十九届六中全会决议所指出的，"民心是最大的政治"[④]，要想在中国推进改革开放的实践活动，走中国特色社会主义道路，必须赢得人民群众的拥护与支持。

　　1984 年 6 月，邓小平又说："社会主义阶段的最根本任务就是发展生产力，社会主义的优越性归根到底要体现在它的生产力比资本主义发展得更快一些、更高一些，并且在发展生产力的基础上不断改善

　　① 《邓小平文选》第 2 卷，人民出版社，1994，第 311 页。
　　② 《邓小平文选》第 3 卷，人民出版社，1993，第 113 页。
　　③ 《邓小平文选》第 2 卷，人民出版社，1994，第 314 页。
　　④ 《中共中央关于党的百年奋斗重大成就和历史经验的决议》，《人民日报》2021 年 11 月 17 日，第 1 版。

人民的物质文化生活。如果说我们建国以后有缺点，那就是对发展生产力有某种忽略。"①

1988 年 6 月，邓小平进一步总结说："从一九五七年下半年开始，我们就犯了'左'的错误。总的来说，就是对外封闭，对内以阶级斗争为纲，忽视发展生产力，制定的政策超越了社会主义的初级阶段。"② 以往特别是"三大改造"完成以后的一段时期内，我们党所犯错误的实质是跳出了历史发展阶段，也就是提出了当时生产力发展阶段允许我国搞"一大二公"的社会主义、搞平均主义式的公有制。可以说，邓小平的这种总结和反思，是基于历史发展阶段和生产力发展水平的反思。这种总结和反思孕育了我国社会主义初级阶段的伟大构想。

1992 年初，他针对国际国内风波引起的种种思想困惑，视察南方并发表谈话。可以说，"南方谈话"是中国的第二次思想解放运动。他从坚持党在社会主义初级阶段基本路线 100 年不动摇的高度，对社会主义初级阶段理论作了重申。他说："一些国家出现严重曲折，社会主义好像被削弱了，但人民经受锻炼，从中吸收教训，将促使社会主义向着更加健康的方向发展。"③ 在这里，邓小平所说的"社会主义向着更加健康的方向发展"正是对中国社会主义初级阶段的重申，也体现了对于中国当时所处的社会主义初级阶段的坚定和不动摇。

从上面论述中我们可以看出，邓小平非常重视总结历史经验，也非常善于升华历史经验。所谓"吃一堑长一智"，邓小平同志非常善于从历史的正反两方面的经验教训中汲取智慧和力量，得出我们要从社会主义初级阶段出发制定政策的结论。

在经过多年的探索之后，1987 年 3 月 25 日，邓小平对关于党的十三大报告全篇拟以社会主义初级阶段作为立论根据的草拟报告大纲设

---

① 《邓小平文选》第 3 卷，人民出版社，1993，第 63 页。
② 《邓小平文选》第 3 卷，人民出版社，1993，第 269 页。
③ 《邓小平文选》第 3 卷，人民出版社，1993，第 383 页。

想作出批示："这个设计好。"① 同年 8 月 29 日，邓小平在会见意大利共产党领导人约蒂和赞盖里时指出："我们党的十三大要阐述中国社会主义是处在一个什么阶段，就是处在初级阶段，是初级阶段的社会主义。社会主义本身是共产主义的初级阶段，而我们中国又处在社会主义的初级阶段，就是不发达的阶段。一切都要从这个实际出发，根据这个实际来制订规划。"②

我们知道，邓小平被誉为"中国改革开放的总设计师"，有力推动了中国特色社会主义伟大事业。社会主义初级阶段的开启，体现了中国共产党对历史发展趋势和人民迫切渴望的尊重。应该说，中国现在所处的社会主义初级阶段是以邓小平同志为主要代表的中国共产党人从社会主义现代化建设视角对广大人民群众是推动历史发展的主体力量的充分肯定，是对改革开放过程中由广大人民群众实践形成许多新事物、新创造、新经验进行的系统的总结，也是前所未有的对广大人民群众首创精神的尊重。

1987 年党的十三大全面阐述了社会主义初级阶段的含义、主要矛盾和基本路线。时隔 10 年，1997 年党的十五大除进一步深化和发展这些论述外，又围绕着建设富强、民主、文明的社会主义现代化国家的目标，提出了社会主义初级阶段的基本纲领。

社会主义初级阶段理论是在解放思想、实事求是、基于国情、总结经验和持续改革的过程中真正形成和发展起来的。它经历了从党的十一届三中全会到党的十二大、十三大、十四大、十五大的发展过程。党的十五大正式把邓小平理论写入党章，成为党的指导思想之一。党的十五大高举邓小平理论伟大旗帜，科学地总结历史，全面地规划未来，系统地论述了党在社会主义初级阶段的基本路线，制定了社会主义初级阶段的基本纲领。这是一次对社会主义初级阶段理论的重大发

---

① 《邓小平文选》第 3 卷，人民出版社，1993，第 407 页。
② 《邓小平文选》第 3 卷，人民出版社，1993，第 252 页。

展。中国所处的社会主义初级阶段，不仅是以经济建设为中心，大力发展生产力，而且是从政治、经济、社会、文化等方方面面对社会主义展开全面的建设。

二 坚定"四个自信"

中国今天所展现出来的中国特色社会主义道路自信、理论自信、制度自信、文化自信，并不是一时陶醉或躺在功劳簿上的沾沾自喜，而是来自历史深处的自信。这种来自历史深处的自信，首先是基于中国历史特别是革命、建设和改革的发展历史，也是基于中国整个历史发展的自信，同时也是基于深厚文化积淀的自信。

自近代以来中国经济社会发展尽管出现了停顿和反复，但总体上依然是缓慢发展的，并非停滞不前。"中华民族是世界上古老而伟大的民族，创造了绵延五千多年的灿烂文明，为人类文明进步作出了不可磨灭的贡献。"[1] 近代以来，伴随西方资本主义步入帝国主义阶段，古老中国作为东方文明、农业文明和前资本主义文明的典型国家，遭遇了代表了西方文明、工业文明和资本主义文明的欧美国家前所未有的文明挑战。

现实中，工业文明比农业文明发展程度更高，能够有效规避自然环境制约，且常常会出现相对于农业文明而言的跨越式发展。这些都使工业文明创造财富的能力要远远高于农业文明。"以手工劳动为基础的中国工业经不住机器的竞争。牢固的中华帝国遭受了社会危机。"[2] 伴随着工业文明的入侵，以农业文明为立国之基的国家就前所未有地感受到了发展危机。面对强大的工业文明的挑战，已处在下行通道的封建帝制缺乏足够的能力作出积极回应。在西方工业文明的刺激下，古老帝国数千年的沉疴与惰性就暴露无遗了。

---

① 《中共中央关于党的百年奋斗重大成就和历史经验的决议》，《人民日报》2021年11月17日，第1版。

② 《马克思恩格斯全集》第10卷，人民出版社，1998，第277页。

1911 年，辛亥革命宣告了清王朝寿终正寝。中华民族亡国灭种的危机并没有因为清王朝的终结而结束，先进的中国人从来不曾消极坐等命运的摆布。马克思指出："人们自己创造自己的历史，但是他们并不是随心所欲地创造，并不是在他们自己选定的条件下创造，而是在直接碰到的、既定的、从过去承继下来的条件下创造。"① 也正是在中国原有的历史和文化基础上，中国共产党人强调把马克思主义基本原理与中国具体实际相结合，丰富和发展了马克思主义。

马克思主义来到中国的过程，也不是一帆风顺的，而是经历了一个竞争和选择的过程。在最初，先知先觉的仁人志士不仅爆发出保存种族确保延续的能量，更形成了强盛国家的历史责任，以及凝聚为"落后就要挨打"和复兴中华的共识。正是在这一背景下，那些"睁眼看世界"的一代又一代知识精英努力接受先进思想，并以空前的力量动员全社会参与，通过激烈的革命方式推翻帝制等旧的上层建筑，着力清除历史延续下来的沉疴痼疾。俄国十月革命，让中国人看到了马克思主义是一种可以推翻帝国主义、封建压迫，最终实现民族独立的强大武器。

"没有共产党就没有新中国。"实际上，没有近代中国社会及中国革命的发展，在中国内部也就不可能生成强大的变革力量即诞生出中国共产党。习近平在庆祝中国共产党成立 95 周年大会上的讲话中提出了三个"深刻改变"："中国产生了共产党，这是开天辟地的大事变。这一开天辟地的大事变，深刻改变了近代以后中华民族发展的方向和进程，深刻改变了中国人民和中华民族的前途和命运，深刻改变了世界发展的趋势和格局。"② 中国共产党领导下的新民主主义革命和社会主义革命极大地改变了国家的前途命运，使古老的中国重新焕发出活力，并推动中国步入中国特色社会主义的全新历史快车道。

---

① 《马克思恩格斯选集》第 1 卷，人民出版社，2012，第 669 页。

② 习近平：《在庆祝中国共产党成立 95 周年大会上的讲话》，人民出版社，2016，第 2 页。

1949 年中华人民共和国成立，其历史转折意义就在于实现了国家空前的独立。中国古代的中央集权体制起自秦始皇统一六国，其"全国统一"事实上是"统而不一"，国家权力并没有直接进入广大乡村和边疆地区，即所谓"皇权不下县"。中华人民共和国借助人民革命的力量将国家政权直接延伸到县以下和边疆地区。重要的是，革命为原有的政治制度注入了崭新的内容，从古代的民本思想发展到为人民服务，强化人民的主体性，并由此激发了广大人民的热情和积极性。通过革命建立起来的人民民主政权及其制度体系，在中国历史上第一次将权力赋予普通民众，从而第一次建立起国家与广大民众之间的有机联系。

自近代以来，中国变革是以革命的方式进行的。马克思、恩格斯在《共产党宣言》中充分表达了"两个决裂"的思维逻辑。这种革命性思维在社会转变的关键节点上是十分必要的，但革命性思维不会因为革命的结束而停止，它有可能成为惯性思维延续到和平年代。1949 年中华人民共和国的成立，不是简单的"改朝换代"，而是全新的社会主义制度的建立。受"两个决裂"的革命性思维影响，中国社会曾经出现对中国传统的全盘否定。值得庆幸的是，历史的曲折和挫折没有终止中国的发展，而是激发了全党和全国人民的集体反思，重新思考中国未来的发展道路。走自己的路就是要符合中国国情，其中包括承继中国历史的优秀传统。

从世界超大农业文明国家看，中国的现代化和经济发展奇迹无疑是独一无二的。可以说，创造奇迹的元素就包括了长期历史延续的积极元素，如在经济发展中发挥关键作用的开放市场、积极政府与勤奋劳动。有学者指出，"中国奇迹"具有工业文明和农业文明两种文明优质要素的叠加优势。[①] 这也进一步说明，虽然中国封建社会有着漫

---

① 徐勇：《农民理性的扩张："中国奇迹"的创造主体分析——对既有理论的挑战及新的分析进路的提出》，《中国社会科学》2010 年第 1 期。

长的两千多年历史，整体结构越来越僵化保守，但其中也孕育着非常积极活跃的要素。一旦消极制度被改革，原来被压抑的积极要素就会以极大的能量被释放出来。这一点已经被 1978 年开启的中国农村改革所证明，例如推行家庭联产承包责任制就极大地释放了农村生产力。

改革开放后所取得的成就，反过来又使中国共产党人获得了足够的自信，并根据变化了的情况不断调整治理思维和方式，以实现对新情况新形势新条件下超大国家的有效治理。这表现在，中国共产党在面对市场经济发展的需要以及存在的社会问题时，能及时丰富已有思想体系。例如，为了防止共产党人在社会主义市场经济大潮中变质和脱离人民群众而提出的"三个代表"重要思想，强调执政党要与时俱进；当经济社会发展出现不平衡时，中国共产党又提出了"科学发展观"，走"统筹城乡发展、统筹区域发展、统筹经济社会发展、统筹人与自然和谐发展、统筹国内发展和对外开放"的发展之路；当中国成为世界第二大经济体，并面临着全面深化改革的历史重任时，中国共产党又提出了全面推进国家治理体系和治理能力现代化，由此不断深化和推进中国特色社会主义道路。

中国道路的核心要素是以人为本，要充分激发和调动人的积极性和创造性。世界历史就是人的解放史。古代中国人民率先从狭隘的地域共同体中解放出来，创造了世界最为灿烂的农业文明，最早形成了"四海之内皆兄弟"的天下观。今天，我们又提出了打造人类命运共同体的思想。中国梦就是每个中国人的梦。这样的中国梦因此获得了巨大的人民力量，创造了中国发展奇迹，最终赢得了世界人民的支持。

人类社会始终处于不断变化之中。只有根据变化的社会进行可调适的治理才能推进社会有序发展。没有一成不变的社会，也没有一成不变的中国特色社会主义道路。近代以来的中国革命和改革，都不断顺应时代的变化而加以调适，根据时代要求变，根据历史国情求变。

正如西方谚语所说，罗马不是一天建成的，中国道路也不是短时间内形成的，它是在较长时间的积累中，经过一代代人努力而开创形成的。与此同时，悠久的中华文明进程、艰辛的中华民族百年奋斗过程、艰苦激情的新中国建设历程都为中国道路提供了丰富的历史积淀和斗争经验，增强了中国道路的延续性，使中国道路获得了深厚的历史自信。这种自信来自历史深处，也经受住了历史的检验。近代以来，由于屡遭列强侵略，国人普遍缺乏自信。随着中国革命、建设和改革事业的成功特别是新时代以来中国取得历史性成就，国人的自信从根本上得以增强，但因为缺乏从"世界进程"的角度对中国长时段历史的理性检视，坚持并不断完善道路的自信与底气还不足。只有在世界进程中充分发掘中国历史基因的积极因子，才能重新发现中国，以此建立起强大的"四个自信"。

应该看到，处在社会主义初级阶段的中国依然面临着与中国传统文化中的糟粕进行斗争的历史任务。这些元素，比如以手工劳动、自然经济为基础的，以家族为本位的，以血缘关系为纽带的宗法等级伦理纲常的生活方式和思想观念，同样会在新的历史条件下顽强地再现，与中国的发展如影相随。具体包括：宗法等级制度和观念；封闭的安于现状的生活方式，特权主义、官僚主义、个人崇拜；"罢黜百家、独尊儒术"的道统思想；中庸之道、天命论、宿命论、唯心论的僵化思想和思维模式，因循守旧、闭关锁国的心理状态等。

党的十九大站在历史和时代的高度，向全党全国各族人民庄严宣布，中国特色社会主义进入了新时代。今天，我们已经进入新的发展阶段，不断贯彻新发展理念，积极构建新发展格局，站在新的历史起点上进行新的伟大斗争。我们党要团结带领人民进行这种具有许多新的历史特点的伟大斗争，推进伟大事业、实现伟大梦想，就必须毫不动摇坚持和完善党的领导，深入推进新时代党的建设新的伟大工程。在中国特色社会主义新的发展阶段，只有把我们党建设得更加坚强有力，永葆旺盛的生命力和强大的战斗力，才能带领人民成功应对重大挑战、抵御重大风险、克服重大阻力、解决重大矛盾，不断把中国特色社会主义事业推向前进，从胜利走向新的胜利。

三　"决定当代中国命运的关键一招"

改革开放是决定当代中国命运的关键一招，也是中国特色社会主义道路形成的关键节点。中国的改革开放具有前所未有的广度和深度。特别是社会主义市场经济体制的确立，极大地激活了中国历史上的积极因素，推动了中国经济社会的发展。中国这个世界上最大的发展中国家在短短几十年里摆脱贫困并跃升为世界第二大经济体。

可以说，中国改革开放的顺利推进也与中国长期以来作为一个统一国家所培养起来的自主性和统一性密不可分。这种自主性和统一性为中国的改革开放提供了基本的主体性条件，使得中国改革开放一开始从内容和形式上都具有自主选择性，先改什么，后改什么，开放什么，开放到什么程度，都以本国利益为基点，都服从推动经济发展、提高生产力的国家目标。

今天中国已经顺利地进入了新发展阶段。坚持和发展中国特色社会主义，续写中国特色社会主义新篇章，是以习近平同志为核心的党中央治国理政的一条主线。

在党的十九大召开前夕，习近平总书记在省部级主要领导干部专题研讨班开班式上的重要讲话中指出："党的十八大以来，在新中国成立特别是改革开放以来我国发展取得的重大成就基础上，党和国家事业发生历史性变革，我国发展站到了新的历史起点上，中国特色社会主义进入了新的发展阶段。"①

"改革只有进行时，没有完成时。"② 伟大的中国道路还只是开始，远没有终结。中国道路形成的巨大历史延续性必将推动中国以不断的创新开辟新的未来。我们在承认中国道路的历史延续性中积极元素的

---

① 马占成：《习近平在省部级主要领导干部"学习习近平总书记重要讲话精神，迎接党的十九大"专题研讨班开班式上发表重要讲话强调 高举中国特色社会主义伟大旗帜 为决胜全面小康社会实现中国梦而奋斗》，《人民日报》2017 年 7 月 28 日，第 1 版。
② 《习近平谈治国理政》第 3 卷，外文出版社，2020，第 235 页。

同时，也要消除历史延续性中的消极元素。正因为如此，党的二十大报告特别强调："面对这些影响党长期执政、国家长治久安、人民幸福安康的突出矛盾和问题，党中央审时度势、果敢抉择，锐意进取、攻坚克难，团结带领全党全军全国各族人民撸起袖子加油干、风雨无阻向前行，义无反顾进行具有许多新的历史特点的伟大斗争。"①

习近平总书记在党的二十大报告中概括了党的十九大以来的伟大成就。

"五年来，我们坚持加强党的全面领导和党中央集中统一领导，全力推进全面建成小康社会进程，完整、准确、全面贯彻新发展理念，着力推动高质量发展，主动构建新发展格局，蹄疾步稳推进改革，扎实推进全过程人民民主，全面推进依法治国，积极发展社会主义先进文化，突出保障和改善民生，集中力量实施脱贫攻坚战，大力推进生态文明建设，坚决维护国家安全，防范化解重大风险，保持社会大局稳定，大力度推进国防和军队现代化建设，全方位开展中国特色大国外交，全面推进党的建设新的伟大工程。"②

美国科学史家、科学哲学家托马斯·库恩说："在新的范式中，老的语汇、概念和实验彼此之间有一种新的关系。其不可避免的结果，是两个互相竞争的学派之间存有误解。"③ 在改革开放这件事情上，这句话既对又不对。对的地方在于，改革开放确实开启了一个全新的中国时代，即中国特色社会主义时代；不对的地方在于，新模式不是凭空创造出来的，没有改革开放前三十年的基础，我们很难想象能够有改革开放后四十年的伟大成就。我们今天所取得的伟大成就是中国共产党带领全国各族人民接续奋斗的结果，即"解决了许多长期想解决

① 习近平：《高举中国特色社会主义伟大旗帜 为全面建设社会主义现代化国家而团结奋斗——在中国共产党第二十次全国代表大会上的报告》，人民出版社，2022，第5~6页。

② 习近平：《高举中国特色社会主义伟大旗帜 为全面建设社会主义现代化国家而团结奋斗——在中国共产党第二十次全国代表大会上的报告》，人民出版社，2022，第2~3页。

③ 〔美〕托马斯·库恩《科学革命的结构》，转引自郭贵春、成素梅主编《科学哲学名著赏析》，山西科学技术出版社，2007，第208页。

而没有解决的难题，办成了许多过去想办而没有办成的大事，推动党和国家事业发生历史性变革"。①

在新中国成立特别是改革开放以来我国发展取得的重大成就基础上，党的十八大以来，党和国家事业发生了历史性变革，我国发展站到了新的历史起点上，中国特色社会主义进入新时代。中国特色社会主义不断取得的重大成就，意味着近代以来久经磨难的中华民族实现了从站起来、富起来到强起来的历史性飞跃，意味着社会主义在中国焕发出强大生机活力并不断开辟发展新境界，意味着中国特色社会主义拓展了发展中国家走向现代化的途径，为解决人类问题贡献了中国智慧、提供了中国方案。

如果把改革开放和中国特色社会主义事业比喻为一篇大文章，未来的工作就是要继续谱写这篇大文章的新篇章。全党要提高战略思维能力，不断增强工作的原则性、系统性、预见性、创造性，按照新要求制定党和国家大政方针，完善发展战略和各项政策，以新的精神状态和奋斗姿态把中国特色社会主义的改革开放事业推向前进。

第二节　当代中国有什么样的影响力

一　助力中国发展壮大的基本理念

当今世界是一个理念为王的世界，中国共产党是中国特色社会主义事业的领航者，带着全国各族人民群众创造了我国社会主义初级阶段的光辉业绩，其背后一定有着"可以影响世界的中国理念"。正因为如此，中国政府反复强调了要增强国家文化软实力，提升中国国际话语权的重要性。2020 年 10 月 29 日，党的十九届五中全会指出，"坚持马克思主义在意识形态领域的指导地位，坚定文化自信，坚持

---

① 习近平：《决胜全面建成小康社会 夺取新时代中国特色社会主义伟大胜利——在中国共产党第十九次全国代表大会上的报告》，人民出版社，2017，第 8 页。

以社会主义核心价值观引领文化建设，加强社会主义精神文明建设，围绕举旗帜、聚民心、育新人、兴文化、展形象的使命任务，促进满足人民文化需求和增强人民精神力量相统一，推进社会主义文化强国建设。"① 当代中国的价值观念，就是以马克思主义为指导的中国特色社会主义价值观念，它代表了中国先进文化的前进方向。我国成功走出了一条中国特色社会主义道路，实践证明我们的道路、理论体系、制度是成功的。要加强提炼和阐释，拓展对外传播平台和载体，把当代中国价值观念贯穿于国际交流和传播方方面面。

1. 实事求是

"实事求是"最早见于《汉书·河间献王传》，是指做学问的严谨求真态度，后来的明清时代又形成了"实学"，强调通过对事物本身的探索来发现规律。经过毛泽东的理论改造，"实事求是"成为我们党的思想路线和毛泽东思想的活的灵魂，指引着中国革命、建设和改革开放取得一个又一个胜利。1978 年，邓小平再次重提实事求是，并把"解放思想、实事求是"确立为党的思想路线，特别强调实践是检验真理的唯一标准。

"实事求是"理念让中国更加坚定地走中国特色社会主义道路，坚持了符合中国国情的中国发展模式。我们知道，冷战结束以后西方国家特别是美国在世界各地到处推行西方的"宪政民主"和自由市场经济。事实证明，东欧国家因为接受了西方的发展模式，反而出现了一系列的经济社会问题。放眼第三世界国家，没有一个通过西方民主化而变成现代化强国的例子。中国在现代化过程中并没有盲目迷信西方的发展模式、制度模式、道路模式，始终坚持"实事求是"，坚持开放包容的心态，积极向一切国家学习先进经验。因此，实事求是理念不仅是中国实践经验的高度概括，也是现代化条件下对每一个国家

---

① 《中国共产党第十九届中央委员会第五次全体会议文件汇编》，人民出版社，2020，第13 页。

都有借鉴意义的中国理念。

2. 民生为大

"民惟邦本，本固邦宁"出自《尚书·五子之歌》，其含义是指：人民是国家的根基，根基稳固了，国家才能安宁。习近平总书记自党的十八大以来，在系列讲话中多次引用了"民惟邦本，本固邦宁"的政治格言，充分表明中国共产党一贯坚持"以民为本，执政为民"的治国理念。

无论是改革开放之初提出的以经济建设为中心，大力发展生产力，还是今天"四个全面"战略布局和"五位一体"总体布局，抑或是中国梦"一带一路"伟大构想，最终都是为了早日实现中华民族伟大复兴。这一切，从根本上都服从于要极大地改善14亿多中华儿女的民生问题。正如习近平所强调的，"经过改革开放近40年的发展，我国社会生产力水平明显提高；人民生活显著改善，对美好生活的向往更加强烈，人民群众的需要呈现多样化多层次多方面的特点，期盼有更好的教育、更稳定的工作、更满意的收入、更可靠的社会保障、更高水平的医疗卫生服务、更舒适的居住条件、更优美的环境、更丰富的精神文化生活。"① 可见，"民生为大"的理念，是推动中国特色社会主义事业发展的重要理念，也是我们党赢得民心，凝聚民力，启发民智，取得我国社会初级阶段伟大成就的根本性理念。

3. 整体思维

中国人的整体思维和辩证思维能力表现在，中国人反对头痛医头、脚痛医脚，主张统筹思考、辩证认知、标本兼治。整体思维的出发点是整体包含了部分，整体又大于部分之和。

正是因为有了整体思维观，邓小平在1987年党的十三大上提出中国经济建设的"三步走"战略。在1997年党的十五大上，江泽民又针对邓小平所提出的"第三步"而提出了"新三步走"战略。2017

---

① 《习近平谈治国理政》第 2 卷，外文出版社，2017，第 61 页。

年党的十九大上，习近平在"新三步走"战略基础上又明确了"分两步走"的新目标。

整体观还深刻影响着人民群众的安全、幸福、自由、尊严。在中国文化中，这些价值往往与国家安康的信念紧密相连。所谓"多难兴邦"，一次次的战乱经历使人民把"天下太平"与"国泰民安"看作密不可分的。在具体的家庭伦理中，"舍己为家"和"保家卫国"这种"家国同构"的传统有着深厚的影响力。在今天，大多数的中国人都把自己国家的强盛和尊严看得很重，并认为这与每个人的安全、幸福、自由、尊严密不可分。

在当今世界上，全球治理的问题越来越多，我们需要更多的整体思维，才能解决好这些问题。中国人做事讲究通盘考虑，讲究动态平衡，讲究把握解决问题的最佳火候和时机。这些整体思维的智慧将有助于化解今天全球各国所面对的诸多不确定性问题，也有助于解决全球治理面临的许多难题。

4. 包容创新

中国人一直以来就存在"国家兴亡，匹夫有责"的家国情怀，坚持天下大同的天下观。中国人的政治生活是家国同构的，家和天下是统一的，而不是分裂的。所以，中国人历来就有"治国齐家平天下"的政治抱负，总是以"天下观"的国际视野来看待不同国家和民族之间的关系。距今1300多年的唐朝诗人王勃，就写下了"海内存知己，天涯若比邻"的诗句。

改革开放就是一场规模空前的学习，不仅向发达国家学习，也向发展中国家学习。在几乎所有的领域，中国人都有选择地借鉴别人的经验：从经济特区的建设到市场经济的形成，从企业管理到政府运作，从股票市场到证券市场，从科技研发到文化产业，从高速公路到高速铁路。难能可贵的是，在学习别人的过程中中国人没有失去自我，而是用自己的眼光来判断、博采众长、兼收并蓄、推陈出新。在金融改革这个领域，我们学习了很多西方的经验，但我们保持了国家对金融领域的控制权，在开放资本市场问题上也采取了谨慎的态度，结果中国成功地进行了国有银行改革，同时经受住了国际金融危机的考验。

在当今这个竞争空前激烈的世界上，一个民族只有不断地学习、兼收并蓄、推陈出新，才能立于不败之地。中国共产党历来重视学习，也是一个勤于学习、善于学习的马克思主义政党。党的十八大以来，截至2024年12月9日，十八届中央政治局进行了43次集体学习，十九届中央政治局进行了41次集体学习，二十届中央政治局进行了18次集体学习。① 学习的内容十分广泛，全面涵盖了政治、经济、社会、文化、生态、党建、法治、军事、国防、历史经验学习等。从这些内容中可以看到，集体学习回应了治国理政的重要问题，贴近了民众的需求。集体学习不仅帮助中央统一思想，凝聚共识，而且还能推动政策的出台。

5. 中道和谐、和而不同

"中道和谐"不是消极的妥协，是为了实现"和而不同"。这种理念使中国避免了欧洲上千年的连绵不断的宗教文化纷争，例如从11世纪到13世纪历时将近200年的共9次"十字军"运动。"从1096年第一次十字军东征开始，到1291年十字军东方的最后据点阿卡沦陷，时断时续的东西战争整整持续了两个世纪。"② 这些战争曾几乎把西方文明摧毁。到了现代，这进一步在西方人的文化基因中加剧了"文化斗争""文明冲突"。例如，在即将进入新千年的1996年，美国著名的国际政治研究专家塞缪尔·亨廷顿出版了《文明的冲突》一书。亨廷顿声称："非西方文明的核心国家将携起手来抵制西方的支配权。在一些地区，这一现象确已发生。"③ 这是站不住脚的，他忽略了不同文明国家冲突背后的政治、经济因素。在今天，各个国家和地区之间已经形成了一种"你中有我、我中有你"的复杂依存关系。

---

① 参见中央领导机构资料库，人民网，http://cpc.people.com.cn/GB/64162/448477/，最后访问日期：2024年12月22日。
② 陈衡哲：《西洋史》，中国工人出版社，2007，第107页。
③ 〔美〕塞缪尔·亨廷顿：《文明的冲突》，新华出版社，2013，第163页。

"中道和谐""和而不同"的理念无疑具有深远的国际意义。随着全球化的发展，全球治理的难题日益增多，从反恐到全球变暖，从环境治理到消除贫困，从防治流行性疾病到国际金融体制改革等，唯有世界各国以和为贵，通力合作，取长补短，才能应对这些挑战。柏林墙虽然倒了，但世界上穷国和富国、强国和弱国、不同宗教和不同文明之间的墙却越来越高了。中国人今天要做的就是通过"中道和谐""和而不同"等理念去影响这个世界，揭示特朗普总统奉行的"美国优先"思维可能给世界带来的灾难。至此，西方的话语霸权应该画上一个句号。这样，世界才能赢得更多的公正、繁荣与和平。

二 "和平的、可亲的、文明的狮子"

习近平指出："历史将证明，实现中国梦给世界带来的是机遇不是威胁，是和平不是动荡，是进步不是倒退。拿破仑说过，中国是一头沉睡的狮子，当这头睡狮醒来时，世界都会为之发抖。中国这头狮子已经醒了，但这是一只和平的、可亲的、文明的狮子。"①

2014年3月，中国国家主席习近平就任后首次访问欧洲。这次访问历时11天84场活动。国际主流媒体感受到了中欧关系从未有过的热度，力图从密集的"魅力"攻势中，解读中欧会碰撞出什么样的火花。欧洲之所以如此重视习近平此次访问，很大程度上是对中国世界影响力的重视，希望可以用"中国方案"来解决"欧洲问题"。

在8年后的2023年，《习近平谈治国理政》第四卷多语种版出版发行，在海外引发热烈反响。葡萄牙新丝路协进会主席易曼晖说："阅读这部著作对于理解中国在推动世界发展、繁荣和进步方面的立场至关重要。""《习近平谈治国理政》第四卷让我们更加了解他在推动世界和平与发展方面的深入思考。""我们非常高兴此次推出葡萄牙文版，这反映了对葡语国家的重视。"法国中国问题专家、作家莱

---

① 《习近平外交演讲集》第1卷，中央文献出版社，2022，第110页。

娅·贝西是《习近平谈治国理政》系列著作的忠实读者。她说："前三卷，特别是第三卷中提到的坚持多边主义、携手构建人类命运共同体等给我留下深刻印象。在当今快速变化但失衡的世界中，第四卷提供让世界走向和谐、均衡的中国智慧。"全球知名社会学家、英国社会科学院院士马丁·阿尔布劳指出："《习近平谈治国理政》是对中华民族发展前景的自信宣示。"20 世纪 80 年代以来多次访华的阿尔布劳对著作中许多章节、段落和语句印象深刻。他在阅读第四卷的读后感中写道，习近平新时代中国特色社会主义思想"将中国几千年的经验、智慧与马克思主义相结合，这是一种关于思想理论与现实相结合的动态观点"，"这部著作不仅仅是写给中国人民的，其他国家也可以从中国的历史经验和发展成就中获得启发。这部著作鼓舞人们为人类的共同命运而努力奋斗"。[1]

习近平关于中国是一头"醒狮"的比喻，即"和平的、可亲的、文明的狮子"，比喻的正是中国对世界的三种影响力。

和平的狮子，体现了中国绝不走"国强必霸"的西方老路，同时中国也再不会重复鸦片战争以后列强开动几艘坚船就可以迫使中国签订不平等条约的历史悲剧。在德国科尔伯基金会演讲中，习近平再次坚定地宣示了中国维护世界和平的信心和决心。"中国早就向世界郑重宣示：中国坚定不移走和平发展道路，既通过维护世界和平发展自己，又通过自身发展维护世界和平。"[2] 那么，中国这只和平的狮子是怎样践行着和平发展之路呢？

中国这头狮子醒了，正在为世界和平作出更多的贡献。中华民族在一心一意办好自己的事情，自觉自信地走和平发展道路的同时，始终奉行包容互鉴、互利共赢的开放战略，在和平共处五项原则基础上同

---

① 新华社：《更好了解中国 收获启迪借鉴——〈习近平谈治国理政〉第四卷多语种版出版发行在海外引发热烈反响》，四川省人民政府网站，https://www.sc.gov.cn/10462/13241/2023/6/15/f2b953cf7b144eb8bc0af0399548ac4e.shtml，最后访问日期：2025 年 2 月 20 日。

② 《习近平谈治国理政》第 1 卷，外文出版社，2018，第 265 页。

世界各国友好合作，积极地尽可能承担更多国际责任。面对复杂多变的国际形势和严峻突出的全球性问题，各国人民只有加强友好交流，携手合作，同舟共济，才能更好发展。在和平发展的大环境下，中国将继续强调通过和平共处、互利共赢、平等协商的方式来处理矛盾、解决争端、管控分歧，坚持对话处理分歧，坚持外交解决争端。面对其他国家和地区的冲突，中国坚持独立自主，不随波逐流；积极倡导和致力于多边主义、世界多极化、国际关系民主化，同世界各国共同维护人类良知和国际公理，在世界和地区事务中主持公道、伸张正义；更加积极有为地参与全球气候变化应对、国际金融体系改革、世界核安全等国际和地区热点问题的解决，同世界各国一道共谋和平、共护和平、共享和平。

可亲的狮子，体现了中国文化的温暖力量。中国这头狮子醒了，正在不断增进内在的亲和力。或者说，中国正在不断增强自己的文化软实力，提升中国的国际话语权。党的十八大以来，中国共产党以更大的政治勇气和智慧，全面深化改革，努力构建系统完备、科学规范、运行有效的制度体系，使各方面制度更加成熟、更加定型；加快推进社会主义民主政治制度化、规范化、程序化，加快完善文化管理体制和文化生产经营机制，加快形成科学有效的社会管理体制，加快生态文明制度建设。实现中华民族伟大复兴的中国梦，让每个人获得发展自我和奉献社会的机会，共同享有人生出彩的机会，共同享有梦想成真的机会，保障人民平等参与、平等发展权利，维护社会公平正义，使发展成果更多更公平惠及全体人民。这是每个中国人都积极向往和热切期待的目标。

中国这头狮子醒了，正在向世界展示越来越大的亲和力。中国与多国加强战略对话和多层次合作，扩大共识，增进互信，积极在新型大国关系框架内活动。对发展中国家，中国坚持正确义利观，讲信义、重情义、扬正义、树道义，做到义利兼顾；在经济上坚持互利共赢、共同发展，提供力所能及的帮助。对周边国家，讲"亲"，即坚持睦邻友好，守望相助，多做得人心、暖人心的事，使周边国家对中国更友善、更亲近、更认同、更支持，增强亲和力、感召力、影响力；讲"诚"，坚持国家不分大小、强弱、贫富一律平等，用自己的真诚付出，赢得周边国家的尊重、信任和支持，争取更多朋友和伙伴；讲"惠"，即本着互惠互利的原则同周边国家开展合作，编织更加紧密的共同利益网络，把双方利益融合提升到更高水平；讲"容"，即倡导包容的思想，亚太之大容得下大家共同发展，要以更加开放的胸襟和更加积极的态度促进地区合作，更加主动、更加积极地回应周边国家期待，共享机遇，共迎挑战，共创繁荣。

文明的狮子，体现了中国对世界文明的贡献。中国这头狮子醒了，正在积极推进中华文明的伟大复兴。中华文明是世界四大古代文明中唯一没有中断的，绵延发展至今已经 5000 多年。中国传统文化中的诸多理念孕育了中华民族的人文精神，浸润了中华民族的民族性格，至今仍然深深影响着中国人理解世界、理解社会、理解人生的价值体系，影响着中国人的思维方式、生活态度和行为习惯，影响着中国人的精神世界、民族自尊心和自信心。

站在新的历史起点上，中国在继承和发扬优秀传统文化的同时，不断推进文化建设和文明发展，努力培育公民的社会主义核心价值体系。公民文明素质和社会文明程度明显提高，文化产品更加丰富，公共文化服务体系基本建成，文化产业成为国民经济支柱性产业，中华文化正在以更加坚定的步伐走出国门，社会主义文化强国建设基础更加坚实。中国将加快完善文化管理体制和文化生产经营机制，建立现代文化市场体系，健全国有文化资产管理体制，形成有利于创新创造的文化发展环境。加快形成科学有效的社会管理体制，完善社会保障体系，健全基层公共服务和社会管理网络，建立确保社会既充满活力又和谐有序的体制机制。经过这些努力，中国的文化软实力将显著增强，中华文明将焕发出勃勃生机和活力。

中国这头狮子醒了，正在促进世界文明的包容交流互鉴。2023 年10 月 18 日，习近平主席出席第三届"一带一路"国际合作高峰论坛开幕式，并进行题为《建设开放包容、互联互通、共同发展的世界》的主旨演讲。在演讲中，习近平强调，2023 年是提出共建"一带一路"倡议 10 周年。提出这一倡议的初心，是借鉴古丝绸之路，以互联互通为主线，同各国加强政策沟通、设施联通、贸易畅通、资金融通、民心相通，为世界经济增长注入新动能，为全球发展开辟新空间，为国际经济合作打造新平台。习近平指出："共建'一带一路'源自中国，成果和机遇属于世界。让我们谨记人民期盼，勇扛历史重担，把准时代脉搏，继往开来、勇毅前行，深化'一带一路'国际合作，迎接共建'一带一路'更高质量、更高水平的新发展，推动实现世界各国的现代化，建设一个开放包容、互联互通、共同发展的世界，共同推动构建人类命运共同体！"[1]

中国主张在文化上包容互鉴，尊重世界文明多样性、发展道路多样化，引导不同文明相互借鉴，取长补短，把世界多样性和各国差异性转化为发展活力和动力，为人类文明大发展、大繁荣注入新活力。中国正在与越来越多国家共同推进各种文化年、旅游年、青年交流年等活动形式，推动跨国界、跨时空、跨文明的交流互鉴活动，促进各国人民相互了解、相互理解、相互支持、相互帮助，在世界各国人民心灵中坚定和平理念、共同发展理念、命运共同体理念，形成防止和反对战争、推动共同发展、促进可持续安全的强大力量。

第三节　中国将为世界和平发展作出什么样的贡献

一　"中国梦是奉献世界的梦"

2014 年 3 月 27 日，习近平主席在中法建交 50 周年纪念大会上说："中国梦是奉献世界的梦。……中国一心一意办好自己的事情，

---

① 习近平：《建设开放包容、互联互通、共同发展的世界——在第三届"一带一路"国际合作高峰论坛开幕式上的主旨演讲》，《人民日报》2023 年 10 月 19 日，第 2 版。

既是对自己负责，也是为世界作贡献。随着中国不断发展，中国已经并将继续尽己所能，为世界和平与发展作出自己的贡献。"① 可以说，以中国梦为标志，我国社会主义初级阶段伟大成就的一个重要方面就是为世界人民作出更多贡献，实现一个更加合作共赢、和平发展的世界。

（一）"奉献世界的中国梦"体现了全球思维、世界眼光、国际胸怀，并着眼于世界各国的交往、合作、共赢

2012 年党的十八大以来，习近平总书记在国内国际的不同场合、站在时代和历史的高度，深入地阐述了实现中华民族伟大复兴的中国梦。在深刻阐释中国梦的科学内涵、实现路径、精神支撑和动力源泉的过程中，习近平创造性地提出并阐释了以实现"持久和平、共同繁荣"为宗旨的世界梦，由此将中国梦与世界梦联结了起来。习近平主席代表中国向国际社会做出了庄严承诺："要同国际社会一道，推动实现持久和平、共同繁荣的世界梦，为人类和平与发展的崇高事业作出新的更大的贡献！"②

新中国成立以来，中国人一直有一种梦想，就是要对人类作出自己的贡献。1956 年 11 月，毛泽东在《纪念孙中山先生》一文中正式提出："再过四十五年，就是二千零一年，也就是进到二十一世纪的时候，中国的面目更要大变。中国将变为一个强大的社会主义工业国。中国应当这样。因为中国是一个具有九百六十万平方公里土地和六万万人口的国家，中国应当对于人类有较大的贡献。"③ 努力实现"对于人类有较大的贡献"的中国梦，可谓毛泽东追求一生的梦想。第二代中央领导集体的核心邓小平继承了毛泽东的这一思想。

1978 年 6 月 10 日，邓小平在会见卢旺达总统哈比亚利马纳时曾

---

① 习近平：《出席第三届核安全峰会并访问欧洲四国和联合国教科文组织总部、欧盟总部时的演讲》，人民出版社，2014，第 26 页。
② 《习近平外交演讲集》第 1 卷，中央文献出版社，2022，第 18 页。
③ 《毛泽东文集》第 7 卷，人民出版社，1999，第 156~157 页。

说："衡量我们是不是真正的社会主义国家，不但要使我们自己发展起来，实现四个现代化，而且要能够随着自己的发展，对人类做更多的贡献。"①

作为第三代中央领导集体的核心，江泽民始终认为对人类作出较大贡献应该是中华民族义不容辞的责任。对于这种责任感，江泽民在 1997 年 11 月访问美国时指出："中国作为疆域辽阔、人口众多、历史悠久的国家，应该对人类有较大的贡献。中国人民所以要进行百年不屈不挠的斗争，所以要实行一次又一次的伟大变革、实现国家的繁荣富强，所以要加强民族团结、完成祖国统一大业，所以要促进世界和平与发展的崇高事业，归根到底就是为了一个目标：实现中华民族的伟大复兴，争取对人类作出新的更大的贡献。"② 在这里，江泽民基于中华民族百年斗争实践、中国社会的伟大变革、民族团结和祖国统一的整个历史发展逻辑来阐释中国梦和世界梦的内在关联。

在今天，我们前所未有地感觉中国和世界融为一体，中国梦和世界梦相互交织。应该说，当前中国梦与世界各国人民的美好梦想变得息息相通，中国人民越来越同各国人民在实现各自梦想的过程中相互支持、相互帮助。2013 年，习近平在接受特立尼达和多巴哥、哥斯达黎加、墨西哥等拉美三国媒体联合书面采访时强调："实现中国梦，必须坚持和平发展。我们将始终不渝走和平发展道路，始终不渝奉行互利共赢的开放战略，不仅致力于中国自身发展，也强调对世界的责任和贡献；不仅造福中国人民，而且造福世界人民。实现中国梦给世界带来的是和平，不是动荡；是机遇，不是威胁。"③

---

① 中共中央文献研究室编《邓小平年谱（1975—1997）》上卷，中央文献出版社，2004，第 325 页。

② 江泽民：《增进相互了解，加强友好合作——在美国哈佛大学的演讲》，《人民日报》1997 年 11 月 2 日，第 1 版。

③ 《习近平谈治国理政》第 1 卷，外文出版社，2018，第 57 页。

（二）在全球化时代，中国梦的实现离不开实干、苦干、巧干，离不开各国之间相互学习，包容互鉴，离不开生产力和科学技术的迅猛发展

新世纪伊始，以胡锦涛同志为总书记的党中央一如既往地强调了中国人民对人类的贡献，胡锦涛在党的十七大报告中说："到二〇二〇年全面建设小康社会目标实现之时，我们这个历史悠久的文明古国和发展中社会主义大国，将成为工业化基本实现、综合国力显著增强、国内市场总体规模位居世界前列的国家，成为人民富裕程度普遍提高、生活质量明显改善、生态环境良好的国家，成为人民享有更加充分民主权利、具有更高文明素质和精神追求的国家，成为各方面制度更加完善、社会更加充满活力而又安定团结的国家，成为对外更加开放、更加具有亲和力、为人类文明做出更大贡献的国家。"① 通过具体阐述全面建成小康社会的丰富内涵，让世界梦更加清晰，更加具有可实现性。在这里，中国梦特别强调了要让人民富裕程度普遍提高、生活质量普遍改善、民主权利充分享有。同样，世界梦也是以提升世界人民的生活质量和民主权利为奋斗目标的。

迈向现代化的历史进程中，中国人民始终从本国的实际情况出发。同样，世界各国人民美好梦想的实现也必须从各国实际情况出发。谚语说，"条条大路通罗马"。同样，每个国家实现自己梦想的道路也应该有所不同。通过中国梦的实现，可以为世界人民实现自己美好梦想提供一条路径，一种借鉴，一个榜样。中国梦的实现意在告诉世界各国人民，各国梦、世界梦的实现完全可以走和平发展道路，而不用继续遵守不平等的旧国际秩序，可以拒绝战争、反对侵略。在历史的不同发展阶段由不同国家和地区的人们所提出的梦想，一方面展现出各自文化与发展道路的独特性，从而使彼此的梦想有所区别；另一方面

---

① 中共中央文献研究室编《十七大以来重要文献选编》上，中央文献出版社，2009，第16页。

又展示出人类共同致力于推进文明发展进步的共通性。这种共通性就是习近平所明确表述的同心打造人类命运共同体。世界各国虽然选择了不同的实现梦想的路径，但最终都是追求人的平等和幸福这一终极目标。可以说，中国梦正是在与其他国家人民美好梦想的相互联系与交织中，共同构筑起美好世界的灿烂图景。

全球化时代中，包括中国梦在内的各国梦想的实现，离不开世界各国学习与借鉴彼此的先进经验。在畅想并致力于实现中国梦的伟大历史进程中，中国不仅需要与世界各国人民进行沟通、对话，增进彼此之间的了解和互信，同时也需要通过合作、互补，共同构筑起一个既符合中国自身利益，又符合世界各国人民利益、愿望的世界梦，由此也为中国梦的实现营造一个和平安宁的国际环境。在实现世界梦的过程中，我们应当推进不同文明彼此间的相互尊重、和谐共处，让文明交流互鉴成为增进各国人民友谊的桥梁、推动人类社会进步的动力、维护世界和平的纽带。离开不同文明的交流互鉴，中国梦是无法实现的，世界梦也不过是迷之梦。

（三）中国梦实现坚持的是和平发展道路，既体现了中国对国际社会关注中国发展的积极回应，也体现了中国人民对实现自身和平发展的自信与自觉

中国的发展离不开世界，世界的繁荣稳定也需要中国。这是因为，一方面，实现中国梦需要一个和平发展的国际环境、地区环境，中国也希望各国彼此尊重对方的发展特性，保持文化多样性，推动双赢合作；另一方面，中国是推动世界经济快速发展的主引擎和保持世界经济平稳发展的压舱石。

中国所致力追求的世界梦，是在和平共处五项原则的基础上，始终高举和平、发展、合作、共赢的旗帜，推动国际关系民主化，促成建立更加公正合理的国际政治经济新秩序、国际关系新体系，努力推动持久和平、共同繁荣的和谐世界的实现。中国提出建立社会主义市

场经济，把计划和市场结合起来时，西方世界一片欢呼，抛出了"中国崩溃论"。之后，随着中国改革开放有条不紊地推进，经济发展可以说是一路高歌。这又引起了西方国家的猜疑，抛出了"中国威胁论"。因此，中国梦有助于世界梦的实现，既不是"中国崩溃论"，也不意味着"中国威胁论"。中国的和平发展，将打消世界对中国作为大国崛起的疑虑，使中国成为促进世界和平的更加积极的因素。中国梦不仅是引领中国实现社会主义现代化和中华民族伟大复兴的精神旗帜，同时也是推动实现包括中国人在内的全世界人民美好梦想的长久动力。在吹响中华文明复兴号角的同时，中国梦也开启了人类共圆世界梦的崭新时代。中国人民在中国特色社会主义道路上实现中国梦的伟大实践，必将进一步拓展世界人民通往理想彼岸的道路。

中国之所以能够坚定不移地推进和平发展，也与中华文明数千年来崇尚和平、和睦、和谐的基因血脉有关。被誉为最长寿古文明的中华文明，历来爱好和平，强调国泰民安。可以说对和平、和睦、和谐的追求，已深深植根于中华儿女的精神血脉，融入中国人民的基因。与此同时，中国人民不惧怕强权，对于外来侵略深恶痛绝，对民族苦难感同身受，对和平发展求之若渴，近代以来历经的苦难是中国人民最切肤的记忆。通过走和平发展道路来实现中国梦，不仅是对中华优秀传统文化的传承和发展，也是中国人民从近代以来所遭遇的苦难中得出的必然结论。中国始终希望能同世界各国一道共谋和平、共护和平、共享和平。

二　以中国式现代化全面推进中华民族伟大复兴

党的二十大报告明确提出，新时代新征程中国共产党的中心任务是"团结带领全国各族人民全面建成社会主义现代化强国、实现第二个百年奋斗目标，以中国式现代化全面推进中华民族伟大复兴"。[①]

---

① 习近平：《高举中国特色社会主义伟大旗帜 为全面建设社会主义现代化国家而团结奋斗——在中国共产党第二十次全国代表大会上的报告》，人民出版社，2022，第21页。

"第二个百年奋斗目标"是从 2035 年到 21 世纪中叶，在基本实现现代化的基础上，再奋斗 15 年，把我国建成富强民主文明和谐美丽的社会主义现代化强国。中国式现代化是中国共产党领导实现的社会主义现代化。只有始终坚持推进中国式现代化，中华民族伟大复兴的中国梦才有可能真正实现。强国建设、民族复兴的宏伟目标令人鼓舞、催人奋进，前景光明、任重道远，必须深入贯彻、创新发展中国式现代化理论，把思想和行动统一到党中央的正确领导上来，坚定不移推进中华民族伟大复兴历史进程，奋力谱写中国式现代化全面推进实现中国梦的崭新篇章。

（一）中国式现代化是几代中国共产党人带领各族人民，在探索中国特色社会主义建设道路的历史征程中逐步形成的

进入近代，中国的大门被西方列强的坚船利炮所打开，中国逐渐成为西方国家的半殖民地，中国人民身处苦难。近代历史的主题就是救亡图存，实现民族独立与人民解放、国家富强与民族复兴。先进的中国人不断探求救国救民的方式，但各种方案均以失败告终。中国需要新的思想武器，特别是需要新的政治力量来实现中华民族的真正解放。以马克思主义科学理论武装起来的中国工人阶级先锋队，中国共产党，就是在这样的历史背景中诞生的。

中国共产党从诞生之时起，就比封建地主阶级政治精英和资产阶级政党更明确自己所要承担的历史任务：一是推翻帝国主义和封建主义的统治，建立独立自由民主统一的新中国；二是改变经济文化科技军事等落后状况，建设一个富强民主文明和谐美丽的现代化国家。进一步讲，中国共产党除了正确把握了中国社会主要矛盾，提出了有待完成的历史任务，更为重要的是找到了实现这一历史任务的可依靠的力量，即工人阶级和农民阶级。

1945 年 4 月，毛泽东在中共七大政治报告的最后部分深刻指出："没有中国共产党的努力，没有中国共产党人做中国人民的中流砥柱，

中国的独立和解放是不可能的，中国的工业化和农业近代化也是不可能的。"① 中国共产党有着能够完成中华民族解放事业的自信和担当、胸怀和眼光。中国共产党勇敢担当实现中华民族伟大复兴的历史使命，团结带领中国人民经过 28 年浴血奋战，完成新民主主义革命，建立了中华人民共和国。1956 年，新中国又顺利地完成了社会主义改造。1978 年，中国开启了建设中国特色社会主义的历史征程。这些都为顺利推进中国式现代化提供了根本的政治可能性。

（二）坚持党的全面领导，弘扬中国精神和凝聚中国力量，是实现中国式现代化的有效途径

实现中国式现代化的关键在于要有一个坚强有力的党，只有这样才能在思想和行动的层面上把 14 亿多中华儿女统一起来，心往一处想、劲往一处使，团结奋斗、攻坚克难，才能共同形成一股强大的中国智慧和中国力量。

在《关于〈中共中央关于进一步全面深化改革、推进中国式现代化的决定〉的说明》中，习近平总书记指出："围绕党的中心任务谋划和部署改革，是党领导改革开放的成功经验。"② 坚持党的领导是中国特色社会主义事业顺利前进的根本保证。在党的正确领导下，我们取得新民主主义革命和社会主义革命的伟大胜利，开启了社会主义现代化国家的建设征程。在世界百年未有之大变局下，我们党以巨大的政治勇气、理论勇气、实践勇气，带领全国人民开启了新一轮进一步全面深化改革的新步伐，把中国这艘巨轮引向了新时代中国特色社会主义的光明前景。实践证明，只有善于从人民的实践创造和发展要求中完善党的领导和政策主张，才能使党在引领当代中国发展进步中始终走在时代前列。

---

① 《毛泽东选集》第 3 卷，人民出版社，1991，第 1098 页。
② 习近平：《关于〈中共中央关于进一步全面深化改革、推进中国式现代化的决定〉的说明》，载《〈中共中央关于进一步全面深化改革、推进中国式现代化的决定〉辅导读本》，人民出版社，2024，第 63 页。

实现中国式现代化，需要强大的动力源泉。这一动力源泉就是中国精神和中国力量。中国精神是由各族人民共同创造、共同依托、共同传承的文化精神、价值观念的总和，是中华民族生生不息、团结奋进的精神动力。中国精神包括以爱国主义为核心的民族精神和以改革创新为核心的时代精神。改革开放 40 多年来，中国共产党人和中国人民以一往无前的创新实践为中国精神注入了新的时代元素，这就是以改革创新为核心的解放思想、开拓进取、攻坚克难、与时俱进的时代精神。

习近平新时代中国特色社会主义思想是当代中国马克思主义、21世纪马克思主义、中华文化和中国精神的时代精华，实现了马克思主义中国化时代化新的飞跃，是全党全国各族人民为实现中华民族伟大复兴而奋斗的行动指南，为中国式现代化提供根本遵循。这一思想从理论和实践的结合上，深刻回答了中国之问、世界之问、人民之问、时代之问，深化了对共产党执政规律、社会主义建设规律、人类社会发展规律的认识，为全面建设社会主义现代化国家提供了科学理论指导。我们要准确把握新时代坚持和发展中国特色社会主义、全面建成社会主义现代化强国的目标任务，深刻把握中国式现代化的提出背景、中国特色、本质要求、重大原则和实践要求等，以党的创新理论武装头脑、指导实践、推动工作，在踔厉奋发中把中国式现代化宏伟事业不断推向前进。

坚持以人民为中心为中国式现代化凝聚起中国力量。中国力量就是以中国共产党为核心，社会主义制度为基石，人民群众为源泉，改革开放为支撑，人民军队为柱石，14 亿多人心往一处想、劲往一处使，汇集起来的力量。中华民族数千年的历史告诉我们，人民群众处在一盘散沙的状态时，是没有力量的，只能任人宰割、任人奴役；中国人民只有团结起来才有力量，才能在争取自身利益的斗争中取得胜利。中国共产党从成立之日起，就毅然肩负起实现民族团结、人民幸福的重任。习近平总书记指出："现代化道路最终能否走得通、行得稳，关键要看是否坚持以人民为中心。"① 中国式现代化是中国共产党和中国人民长期实践探索的成果，是一项伟大而艰巨的事业，必须始终站稳人民立场，坚持人民主体地位，尊重人民首创精神，充分激发人民群众的积极性、主动性、创造性，把亿万人民的智慧和力量凝聚到以中国式现代化推进中华民族伟大复兴上来。"江山就是人民，人民就是江山。"② 我们党百余年来所付出的一切努力、进行的一切斗争、作出的一切牺牲，都是为了人民幸福和民族复兴。以中国式现代化全面推进中华民族伟大复兴，要求我们始终把人民放在心中最高位置，在幼有所育、学有所教、劳有所得、病有所医、老有所养、住有所居、弱有所扶上持续用力，不断使人民群众获得感、幸福感、安全感更加充实、更有保障、更可持续，切实在赢得人民的信任和支持中动员和团结人民，努力从人民群众中汲取战胜一切艰难险阻的强大力量，奋力推动中国式现代化行稳致远。中华民族伟大复兴一定能够变成壮美现实。

（三）坚持新发展理念，才能为实现中国式现代化提供源源不断的动力支撑，获得系统的动力牵引

党的十八届五中全会通过的《中共中央关于制定国民经济和社会发展第十三个五年规划的建议》，坚持以马克思列宁主义、毛泽东思想、邓小平理论、"三个代表"重要思想、科学主义发展观为指导，着眼于我国所处的社会主义初级阶段，第一次把创新、协调、绿色、开放、共享共同上升为国家的新发展理念。创新是引领发展的第一动力，协调是持续健康发展的内在要求，绿色是永续发展的必要条件和人民对美好生活追求的重要体现，开放是国家繁荣发展的必由之路，共享是中国特色社会主义的本质要求。习近平总书记明确指出："新

---

① 习近平：《携手同行现代化之路——在中国共产党与世界政党高层对话会上的主旨讲话》，《人民日报》，人民出版社，2023，第 2 页。

② 习近平：《高举中国特色社会主义伟大旗帜 为全面建设社会主义现代化国家而团结奋斗——在中国共产党第二十次全国代表大会上的报告》，人民出版社，2022，第 46 页。

发展理念是一个系统的理论体系，回答了关于发展的目的、动力、方式、路径等一系列理论和实践问题，阐明了我们党关于发展的政治立场、价值导向、发展模式、发展道路等重大政治问题。全党必须完整、准确、全面贯彻新发展理念。"① 可以说，创新发展、协调发展、绿色发展、开放发展、共享发展的协同共进，为中国式现代化推进提供了内涵极为丰富全面的动力系统。

1. "创新"是实现中国式现代化的第一动力

在我国社会主义建设实践中，特别是改革开放以来，创新在不同的历史时期扮演了不同的角色，促进了中国特色社会主义实践的发展。恩格斯在论述社会主义社会就曾指出："所谓'社会主义社会'不是一种一成不变的东西，而应当和任何其他社会制度一样，把它看成是经常变化和改革的社会。"② 社会主义形态变化的关键是发展动力的变化。中国共产党人把中国特色社会主义发展的动力锚定为改革创新，通过改革来推进创新，通过创新来进一步深化改革。党的十八大以来，以习近平同志为核心的党中央清醒地认识到必须用创新去解决中国发展所面临的现实难题。只有不断推进理论创新、制度创新、科技创新、文化创新，才能找到新的增长点；只有培育发展新动力、拓展发展新空间、深入实施创新驱动发展战略，才能实现从投资驱动向创新驱动转换、从资源消耗向科技创新转变，为经济发展和社会转型提供源源不断的动力。正如 2013 年 9 月 30 日，习近平在中共中央政治局第九次集体学习时强调的一样："从国内看，创新驱动是形势所迫。我国经济总量已跃居世界第二位，社会生产力、综合国力、科技实力迈上了一个新的大台阶。同时，我国发展中不平衡、不协调、不可持续问题依然突出，人口、资源、环境压力越来越大。物质资源必然越用越少，而科技和人才却会越用越多。我们要推动新型工业化、信息化、

① 习近平：《论把握新发展阶段、贯彻新发展理念、构建新发展格局》，中央文献出版社，2021，第 479 页。

② 《马克思恩格斯文集》第 10 卷，人民出版社，2009，第 588 页。

城镇化、农业现代化同步发展，必须及早转入创新驱动发展轨道，把科技创新潜力更好释放出来，充分发挥科技进步和创新的作用。"①

2. "协调"是实现中国式现代化的平衡发展动力

协调发展是为了实现平衡发展，即平衡城乡发展、平衡经济与社会发展、平衡社会与生态发展等。平衡发展也是一个动态的调整过程，即尊重发展的多元性、差异性，主张各地区、各行业遵照发展差异性来实现全面发展，而不是追求绝对的同步发展。同时，平衡发展注重发展的整体性，主张先发展带动后发展、整体发展带动局部发展，最终实现全面发展。协调发展理念既是发展的手段，也是促进发展的"平衡力"。协调发展理念既要求我们在发展思路上破解难题，又要求我们巩固和厚植原有优势，坚持"重点论"和"两点论"的统一。在协调发展理念指导下，必须要做到扬长避短、取长补短，最终推动整个社会的全面发展。协调发展理念是党对社会主义建设过程的各种现实问题和社会主义建设规律的准确把握。在全面建设小康社会的攻坚阶段，协调发展不仅是全面发展的内在要求，也为中国式现代化的实现培育了新的动力。

3. "绿色"是实现中国式现代化的永续发展动力

党的十八大提出，必须树立尊重自然、顺应自然、保护自然的生态文明理念，把生态文明建设放在突出地位，融入经济建设、政治建设、文化建设、社会建设各方面和全过程，努力建设美丽中国，实现中华民族永续发展。这使得实现绿色发展的理念、美丽中国的图景深深植入中国特色社会主义。

改革开放以来相当长一段时间里，由于片面强调经济增长速度而忽视了经济增长质量，我国发展与环境的矛盾日益尖锐化。这种矛盾制约了国家中长期战略目标的顺利实现。进入新世纪以来，环境污染

---

① 习近平：《敏锐把握世界科技创新发展趋势　切实把创新驱动发展战略实施好》，《人民日报》2013年10月2日，第1版。

以及附带的社会问题给党带来了前所未有的执政压力。事实证明，单纯比拼经济增长速度的"经济锦标赛"已经远远不能满足人民群众的多元需求。面对新的挑战，我们必须告别过去那种只顾眼前利益的增长方式，将绿色发展理念提上日程。绿色发展理念是党根据我国社会经济发展所处阶段和发展矛盾作出的发展战略的调整，是党对社会主义发展质量规律的新认识和新境界，使得实现第二个百年奋斗目标获得了永续发展的新动力。

4."开放"是实现中国式现代化的内外联通发展动力

党的十八大以来，以习近平同志为核心的党中央深谙对外开放在整体布局中发挥的重要作用。2020年10月29日，习近平在中共十九届五中全会第二次全体会议上指出："我国开放的大门不会关闭，只会越开越大。要科学认识国内大循环和国内国际双循环的关系，主动作为、善于作为，建设更高水平开放型经济新体制，实施更大范围、更宽领域、更深层次的对外开放。"① 随着我国对外开放的深度、广度不断增加，不同领域、层次、结构的对外开放逐步呈现出不同的特点，既有的开放策略对经济的推动开始出现乏力现象，怎样调整开放策略使之再度成为经济发展的强力驱动，是一个重大的现实问题。

开放发展不等于单纯的对外开放、向各国虚心学习。其深刻内涵主要体现在以下两个方面。第一，重塑国际新秩序。随着中国经济的不断发展，国力不断增强，中国已经从国际秩序的参与者向建设者转变，这种转变正不断地提高我国在全球治理和国际新秩序构建中的制度性话语权。第二，同心打造人类命运共同体。中国与包括周边国家在内的世界各国共建各种层次的命运共同体，形成更高层次的开放型经济和对外开放新局面。

面对新形势，开放发展理念创造性地回答了"在现阶段和下一阶段怎样使开放再次成为社会主义发展新动能"的问题，提高了对外开

---

① 《习近平谈治国理政》第4卷，外文出版社，2022，第156页。

放水平，完善了对外开放战略布局，为实现中国式现代化培育了内外联通的发展动力。

5. "共享"是实现中国式现代化的公平发展动力

发展的价值目标和核心追求是为了实现共享。一切发展都离不开每个人的参与，一切科学的发展必然惠及一切人的发展。党的十八大以来，以习近平同志为核心的党中央始终都把实现好、维护好、发展好最广大人民根本利益作为社会主义发展的根本目的，增进人民福祉，促进人的全面发展是社会主义现代化建设的根本出发点和落脚点。社会主义发展成果的共享状况直接决定了全面小康的发展质量。

共享是人类对理想社会的美好追求，是社会主义的真谛，也是中国特色社会主义的本质要求。改革开放初提出的允许一部分人、一部分地区先富起来的大政策，就是要通过先富带动后富，最终实现共同富裕的目标。在全面建成了小康社会、历史性地解决了绝对贫困问题、向着全面建成社会主义现代化强国的第二个百年奋斗目标迈进的当下，共享发展理念不仅强调了共同富裕发展目标的实现，而且为发展的动力、过程、方式和性质赋予了新的内涵。共享发展，不能简单理解为发展后对发展成果的共享，而是让共享贯穿发展的全过程，形成共享式发展。正如《中共中央关于制定国民经济和社会发展第十三个五年规划的建议》指出的："必须坚持发展为了人民、发展依靠人民、发展成果由人民共享，作出更有效的制度安排，使全体人民在共建共享发展中有更多获得感，增强发展动力，增进人民团结，朝着共同富裕方向稳步前进。"① 实现共享发展是中国式现代化和西方现代化的本质性区别，也是中国式现代化必然成功的动力源头。

在推进中国式现代化的动力系统中，共享发展理念的提出是对中国特色社会主义发展目的的新认识，是衡量我国社会主义初级阶段伟

---

① 《中共中央关于制定国民经济和社会发展第十三个五年规划的建议》，人民出版社，2015，第9页。

大成就的核心标准。"维护人民根本利益，增进民生福祉，不断实现发展为了人民、发展依靠人民、发展成果由人民共享，让现代化建设成果更多更公平惠及全体人民。"① 党的二十大明确把坚持以人民为中心的发展思想列为前进道路上必须牢牢把握的五条重大原则之一，这是因为在各项事业发展中，只有始终坚持以人民为中心，真正让人民群众共享发展成果，才能凝聚起实现中华民族伟大复兴的磅礴力量，使得中国特色社会主义伟大事业更加辉煌，朝着共同富裕方向稳步迈进。

三　中华民族对当今世界的突出贡献

那么，中国共产党带领全国各族人民坚持中国特色社会主义道路、理论和制度，在大力推进中国特色社会主义伟大事业历史运动中，能否实现中华民族伟大复兴？换言之，中华民族为世界做出了怎样的贡献？

中国希望以一种和平发展的方式实现中华文明的伟大复兴，并与包括美国在内的所有大国力量保持平衡与合作。中国共产党人和中国人民从来不隐瞒自己的奋斗目标，并习惯于写在最明显的地方。在天安门城楼上，右边写着"中华人民共和国万岁"，左边写着"世界人民大团结万岁"。前者相当于"中国梦"，后一句描绘的就是"世界梦"。在中国的政治心脏天安门上明明白白写着中国人的目标和梦想，这就表示了中华人民共和国成立之初就把自己的中国梦和"世界梦"牢牢地联系在一起。

中国在过去的 20 个世纪里大约有 18 个世纪是世界上的"头号大国"，在中国的汉唐宋元明时期，中国的经济实力与全球经济总量的对比，要超过当今美国在全世界的份额；军事方面，也一直存在着与

---

① 习近平：《高举中国特色社会主义伟大旗帜 为全面建设社会主义现代化国家而团结奋斗——在中国共产党第二十次全国代表大会上的报告》，人民出版社，2022，第 27 页。

经济实力匹配的强大力量，例如秦始皇、汉武帝、唐太宗和成吉思汗统治下各个时期的中国。

中国在世界上担任头号大国的时间超过 1500 年，但众所周知的是，中国从来没有成为一个像美国那样四处征服、到处推广美国价值观、不断追求超级权力的"超级大国"。2015 年上映的由著名影星成龙主演的电影《天将雄师》，部分再现了西汉时期的西域政策：汉王朝主要负责秩序，让在西域生活和贸易的各国都能安居乐业。汉王朝的对外政策是守护地区秩序，为西域各国通商提供安全保障。

两千多年前，中国在处理与东亚各国的关系上坚持了"朝贡体系"，这一体系最初创制于周朝，成熟运用于汉朝，一直绵延到清朝末年。明朝是有史以来参与朝贡体系国家最多的朝代，明朝与周边的日本、朝鲜、琉球、安南、缅甸、老挝、暹罗、吕宋等国家都建立了这种古典式的外交关系，还与南亚、非洲东部的一些王国建立了这种外交关系。清朝是朝贡体系关系终结的最后一个王朝，但清朝与朝鲜、琉球、缅甸、安南、老挝、暹罗等亚洲东部的国家一直保持着和平安宁的亲善关系。

在全球化出现之前的时代，中国已经成功地维护了东亚地区的秩序与安宁，时间长达千年。英国号称日不落帝国，四处殖民，给世界各地带去文明的同时也播撒下了仇恨的种子。最后，庞大的英帝国只能落得分崩离析的下场，连苏格兰、英格兰和北爱尔兰也无法真正实现统一。我们知道，20 世纪被称为美苏争霸的世纪，争霸过程多次使世界笼罩在核战争的末日阴云中。苏联解体后，美国相继挑起了伊拉克战争、阿富汗战争、科索沃战争、利比亚战争。这使我们很难作出判断，美国到底是世界秩序的维护者还是破坏者。

近代以来，中国一直饱受世界列强欺凌，几乎没有哪个国家比中国更懂得被欺辱和压榨的痛苦滋味。中国人民憎恨霸权主义、反对霸权主义。中国有句成语叫"己所不欲，勿施于人"，所以，中国绝不会以霸权主义对待别的国家。

中国人可以堂堂正正向全世界宣布，中国希望成为全球最大的经济体，中国也希望成为最富强的国家，但中国不愿意成为像美、英一类的超级大国。这就是中国一直宣称不当头、不称霸的主要原因。

1978 年 5 月，邓小平在会见外宾时非常诚恳地说："作为一个社会主义国家，中国永远属于第三世界，永远不能称霸。这个思想现在人们可以理解，因为中国现在还很穷，是不折不扣的第三世界国家。问题是将来我们发展了，搞不搞霸权主义。……如果那时中国翘起尾巴来了，在世界上称王称霸，指手画脚，那就会把自己开除出第三世界的'界籍'，肯定就不再是社会主义国家了。"①

其实，永不称霸已经深深刻在中国文化的基因中。在孔子生活的时代，就有著名的春秋五霸。可以说，霸主全都没有逃脱"历史周期率"。中国人自古认为，霸权国家必定速亡，这是谁也逃不脱的历史规律。在中国历史上，最典型的霸权国家就是秦国，在秦始皇执政时期，秦国一举灭掉六国，成就不可一世的鼎盛霸业。秦王朝是中国历史上最短命的王朝之一，只存在了短短 15 年。对于秦朝覆亡的根本原因，汉代的政治家贾谊在《过秦论》中检讨指出："仁义不施而攻守之势异也。"

霸业不能长久，称霸不得人心。"内圣外王"的不称霸的对外发展战略，正是中国人的智慧和远见所在。因此，自 1500 年以来西方列强的争霸道路不可能成为中国效仿的榜样。

2014 年 11 月 10 日晚，北京奥运场馆水立方，习近平主席在 APEC 欢迎宴会的致辞中说："2000 多年前，老子说：'上善若水，水利万物而不争'，意思就是说最高境界的善行就像水一样涓涓细流，泽被万物。亚太经合组织以太平洋之水结缘，我们有责任使太平洋成为太平之洋，友谊之洋，合作之洋，见证亚太地区和平、发展、繁荣、进步。"② 之

---

① 《邓小平文选》第 2 卷，人民出版社，1994，第 112 页。
② 《习近平在 APEC 欢迎宴会上的致辞》，人民网，http://jhsjk.people.cn/article/26005522，最后访问日期：2024 年 8 月 5 日。

所以选择水立方，就在于向亚太各国以及世界各国表达：中国未来必将像大海一样向世界敞开胸怀，海纳百川，与世界共同发展；也要像溪水一样确定了目标就会百折不挠，一往无前，奔流入海，始终牢记与各国共同推动世界和平发展的历史使命。实际上，中华民族伟大复兴也意味着，中国会以博大胸怀接纳所有国家共同成长，以水润天下、汇通天下的"合作""共赢"来浸润世界、涵养万物。中国共产党所掌舵的"中国号"巨轮必将在 21 世纪行稳致远，为维护世界和平发展作出更深远、更切实的贡献！

后　记

　　从 2017 年我们在宁夏人民出版社出版《大学生马克思主义理论素养培育问题研究》一书算起，时间已经过去了 7 年。现在看来，原书的有些提法已经过时，文献资料有些陈旧，观点表述也不够全面。经过 7 年的教学与科研实践，我们重新组织力量对全书进行了修订，完善了观点，补充了文献，修改了提法。应该说，本书是集体智慧的结晶，也是"宁夏全区大中小学校思想政治工作质量提升工程项目""'马克思主义基本原理'课精品项目建设项目"的结项成果之一。

　　在编写过程中，我们引用或参考了许多专家学者的精彩的研究成果和宝贵的文献资料，在此向有关作者表示诚挚的谢意。由于我们的读者是初次系统接触马克思主义理论的青年大学生，我们在一开始就要求自己在本书的写作过程中既做到有一定的理论深度，又确保通俗易懂。现在看来，这一要求对我们而言有些难以圆满实现，完成效果只能说差强人意，加之我们的学术水平有限、时间仓促，书中难免有不当之处、难解之惑，在此恳请各位专家学者和广大读者批评指正，以期进一步助益我们的教学科研第一线工作。

　　参加写作的老师具体分工如下：前言，马越；第一讲，毛升；第二讲，马越；第三讲，钱黎勤；第四讲，毛升；第五讲，毛升。毛升老师组织编写并负责统稿。党锐锋教授担任本书的学术顾问，为本书出版提出了宝贵意见。另外，银川科技学院思政课教师杨静参与了本书第一讲和第二讲，2023 级马克思主义基本原理方向研究生刘旭东、沈博参与了本书第三讲至第五讲的文献梳理与撰写工作。在此，一并表示感谢。

毛　升

2025 年 3 月

图书在版编目（CIP）数据

大学生马克思主义理论素养培育五讲／毛升，马越，
钱黎勤著 . --北京：社会科学文献出版社，2025.7.
（宁夏大学马克思主义理论研究与学科建设工程丛书）.
ISBN 978-7-5228-5383-3

Ⅰ.A81

中国国家版本馆 CIP 数据核字第 2025WE4691 号

宁夏大学马克思主义理论研究与学科建设工程丛书
大学生马克思主义理论素养培育五讲

著　　者／毛　升　马　越　钱黎勤

出 版 人／冀祥德
责任编辑／吕霞云
文稿编辑／姜　瀚
责任印制／岳　阳

出　　版／社会科学文献出版社·马克思主义分社（010）59367126
　　　　　　地址：北京市北三环中路甲 29 号院华龙大厦　邮编：100029
　　　　　　网址：www.ssap.com.cn
发　　行／社会科学文献出版社（010）59367028
印　　装／三河市龙林印务有限公司

规　　格／开 本：787mm×1092mm　1/16
　　　　　　印 张：13.5　字 数：186 千字
版　　次／2025 年 7 月第 1 版　2025 年 7 月第 1 次印刷
书　　号／ISBN 978-7-5228-5383-3
定　　价／89.00 元

读者服务电话：4008918866